Lesehefte für den Literaturunterricht

In erster Folge herausgegeben von:
Klaus Göbel und Wolfgang Schemme
in Verbindung mit
Dagmar Grenz, Reiner Friedrichs und Rainer Siegle

Lisa Tetzner
Der Fußball

mit Materialien
zusammengestellt
von Jutta Grützmacher
und Inge Menyesch

Ernst Klett Schulbuchverlag
Stuttgart Düsseldorf Berlin Leipzig

Der Lehrerkommentar hierzu ist in Klettbuch-Nummer 261344 enthalten.

Gedruckt auf Papier aus chlorfrei gebleichtem Zellstoff, säurefrei.

1. Auflage 1 10 9 8 7 6 | 1997 96 95 94 93

Alle Drucke dieser Auflage können im Unterricht nebeneinander benutzt werden, sie sind untereinander unverändert. Die letzte Zahl bezeichnet das Jahr dieses Druckes.
Textabdruck aus: Lisa Tetzner, Die Kinder aus Nr. 67, Band 1 + 2, Sonderausgabe zum Film, Illustrationen von Theo Glinz.

Umschlag: Manfred Muraro.
Fotosatz: Karl Lihs, Ludwigsburg.
Druck: Wilhelm Röck, Weinsberg.
ISBN 3-12-260820-0

An die Leser

Diese Geschichte spielt in der großen Stadt Berlin. Ich habe sie selbst erlebt. Es ist eine wahre Geschichte. Was ich nicht miterlebte, haben mir meine Freunde Erwin und Paul erzählt. Ich sage euch das gleich zuerst, obwohl es nicht so wichtig ist, denn die Geschichte kann ebensogut in New York, in London und Paris, ja sogar in Hamburg, Leipzig oder Köln passieren. In jedweder großen Stadt, in der viele Menschen in dichten Straßen und hohen Häusern eng zusammenwohnen. Ich sage das nur, weil die richtigen Berliner Jungens, die viel auf der Straße zwischen den hohen Häusern leben, ihre eigene deutsche Aussprache haben. Ganz besonders meine Freunde Erwin und Paul. Manchmal kann ich sie selber nicht verstehen. Anstatt „ich" sagen sie „ick", anstatt „das" „det" und anderes mehr. Aber das ist überall so. Ein Hamburger Junge spricht hamburgisch und ein Kölner kölnisch oder rheinisch, ein Leipziger sächsisch und ein Stuttgarter schwäbisch. Deshalb mußte ich mir Mühe geben, Erwins Worte nicht ganz so hinzuschreiben, wie er sie spricht, damit sie auch die Hamburger, Kölner und Leipziger verstehen. Einiges freilich ist stehengeblieben. Aber hätte ich alles säuberlich hochdeutsch gesetzt, dann wären es eben nicht mehr meine Freunde Erwin und Paul gewesen, und dann hätte diese Geschichte auch nicht in Berlin gespielt. Und das ist immerhin wichtig.

Ich hätte auch sehr gern eine Photographie von Erwin und Paul im Buch gehabt, weil es doch eine wahre Geschichte ist. Aber schließlich dachte ich, ihr erkennt sie dann überall, zeigt mit Fingern auf sie und sagt: „He, da sind Erwin und Paul." Das wäre doch sehr unangenehm. Darum hat sie der Maler nur gezeichnet, und er hat besonders Erwins Pullover und seine Mütze fabelhaft getroffen. Nur seine Sommersprossen und die goldgelben

Haare hat er leider nicht mitgezeichnet, und das ist eigentlich schade, denn Erwins Mutter sagt immer: „Junge, Junge, all det Gold, was wir nicht im Beutel haben, trägst du auf Kopf und Nase."

Aber nun will ich endlich anfangen zu erzählen.

Als Erwin von der Polizei verhört wurde und die Schutzleute auf ihn einredeten, hat er nicht geweint. Er hat sich auch gar nicht entschuldigt. Sondern, weil sie ihn ausfragten, hat er einfach erzählt, wie's kam mit dem Fußball und warum er so wütend geworden ist. Der Polizeiwachtmeister schrie immerzu: „Du bist ein ganz und gar mißratener Junge. Wir werden dich ins Erziehungshaus stecken. Jawohl, das werden wir."

Aber nein, so kann ich die Geschichte nicht erzählen. Ich muß an einer anderen Stelle anfangen. Ganz von vorn. Sie muß richtige Teile haben, damit ihr sie versteht.

Lisa Tetzner, Der Fußball. Eine Kindergeschichte aus Großstadt und Gegenwart, mit Bildern von Bruno Fuck, Potsdam 1932: Müller & J. Kiepenheuer.

Der Fußball

Der große Wunsch

Die Straße war grau und dunkel wie die Stuben. Ganz ohne Bäume. Sie lag nicht weit von den großen Markthallen. Die Lastautos der Händler, die Gemüsewagen und Karren mußten alle durch diese Straße fahren. Sie waren vollgepackt mit Kartoffeln, Kohl, Fischen und frischem Fleisch. Sie verstopften die Straßen und den Übergang. Für die Kinder war das lustig. Es geschah immer irgend etwas. Die Händler und Kutscher schrien sich gegenseitig an, wenn sie nicht weiterkonnten. Die Straße war laut von ihnen. Die Autos tuteten. Die Bauern knallten mit den Peitschen. Sie fluchten und schimpften. Sie wollten alle zuerst kommen und ihre Waren verkaufen. Spaßig war es, wenn die Händler wild wurden.

Am Nachmittag, wenn sie wieder weggefahren waren, lagen an den Straßenrändern klebrige, blutige Papierfetzen, weggeworfene Reste, verfaulte, zertretene Mohrrüben und Kartoffeln. Danach roch die Straße. Danach rochen die Häuser und Zimmer. Die Kinder suchten sich aus den Abfällen, was sie brauchten. Sie spielten damit oder brachten es den Müttern. Vielleicht konnten diese es verwenden. Manchmal machten sie auch Geschäfte damit. Ein Junge vom Nachbarhaus hatte einmal eine ganze Wurst gefunden. Es war ein Wagen darüber gefahren, und man hatte darauf getreten. Aber man konnte sie noch essen. Auch damals, als der Obstwagen brach und die Birnen auf die Straße rollten, gab es ein Fest für alle Kinder in der Straße. Sie aßen um die Wette reife, weiche, zuckersüße Birnen. Hastig und unaufhörlich, und sie stopften sich Hosentaschen und Röcke voll. Hinterher waren die meisten krank. Sie aßen zu selten Obst. Im Hinterhaus ihrer

Straße gab's nur das Nötigste: Brot, Kartoffeln, Kaffee und dann und wann einen Brocken Fleisch. Die meisten Väter waren arbeitslos und gingen stempeln. Wenn die Väter arbeitslos sind, gibt's für die Mütter noch weniger Arbeit und Verdienst. Die vollen Wagen, die zur Markthalle fuhren, waren für andere Leute bestimmt. Aber trotzdem war die Straße für die Kinder das einzige Vergnügen. Kann man vielleicht den ganzen Tag bei der Mutter in der Küche hocken? Solange Erwin noch kleiner war und die Mutter auch auf Arbeit mußte, hatte sie ihn mit seinem kleinen Bruder immer am Morgen in der Küche angebunden, damit kein Unglück geschah. Der Strick reichte weder bis zum Ofen noch bis zum Fenster, so konnten sie nicht herausstürzen oder sich verbrennen. Sie bekamen ein Stück Papier in die Hand, das sie zerknüllen durften, und einige Scheite Holz, die sie hinwerfen und aufstellen konnten. Wie kleine Katzen oder Hunde lagen sie da und lauschten auf jedes Geräusch, das von der Treppe kam. Auf jeden Schritt und auf das Tropfen der Wasserleitung. Das war ihre Beschäftigung. „Geben Sie doch Ihre Kinder in einen Kindergarten, Frau Brackmann", sagte die Frau Manasse vom Maskenverleihgeschäft aus dem Vorderhaus.

„Sie können gut reden. Es kostet Geld und Zeit, sie hinzuschaffen und abzuholen. Ist ja so viele Häuserblöcke weiter. Wo ich doch nach der Fabrik muß. Nach der anderen Seite."

Und darum blieb Erwin die ersten vier Jahre seines Lebens angebunden, spielte mit Holzscheiten und Zeitungspapier und lauschte auf Schritte. Manchmal sah die Nachbarin nach ihnen und gab ihnen Brei.

Viel besser war's jetzt eigentlich auch noch nicht. Manchmal spielten sie im Hof und machten Wettspringen über die Mülleimer. Aber dabei mußte man sehr viel rufen und schreien. Wie hätte man sonst wissen können, wer am weitesten und höchsten sprang. Dann kam gleich die

Portiersfrau oder der Alte selber. Er riß das Klappenfenster auf und schrie: „Ich werd's dem Hauswirt sagen. Ihr sollt stille sein. Die Frau vom Maskengeschäft hat sich bereits beschwert."

„Paulchen, die hat bestimmt den Alten mit Geld bestochen, nur damit er immer hinter uns her ist und sie Ruhe hat."

Paulchen nickte dazu: „Klar, meine Mutter sagt det auch."

„Sie hat ja so viel Geld. Und ganze Berge von Kleidern und Hüten hat sie in ihrer Stube. Wenn du das einmal, nur ein einziges Mal anziehen willst, dann mußte das teuer bezahlen und hundertmal kannst du so ein Kleid anziehen."

Aber Erwin meinte, hundertmal sei zu wenig, tausendmal könnte man so einen Fetzen anziehen.

Mit der Frau Manasse vom Maskenverleihgeschäft war das überhaupt so eine Sache. Schimpfen war man gewohnt. Aber gestern hat sie sogar einen ganzen Topf Kaffeewasser mitsamt dem Satz über die Kinder vom Hinterhaus ausgeschüttet. Dem Erwin ist die klebrige Brühe den Rücken heruntergelaufen. Wie ein Schwein sah er aus. Und ein Geschrei hat's gegeben. An alle Fenster im Hinterhaus sind Frauen und Kinder gekommen. Erwin hat pflichtschuldigst gebrüllt. Nicht weil's weh tat. Nur aus Schreck und Wut. Seine Mutter hatte die Fäuste geballt. „Glauben Sie etwa, weil wir arme Leute sind, können Sie mit unsern Kindern machen, was Sie wollen? Ich werde mir beschweren", schrie sie. „Sie haben gar kein Recht dazu. Det Kleiderzeug, det müssen Sie ersetzen. Jawohl, gar kein Recht haben Sie, meine Kinder mit Ihre Dreckbrühe zu begießen."

„Wohl habe ich das", schrie Frau Manasse. „Ihre Kinder haben kein Recht, so zu brüllen. Kann man da schlafen? Es hat überhaupt Ruhe im Hof zu sein. Die Kinder sollen nicht im Hof spielen."

„Aber wo sollen sie denn spielen, die armen Kinder? Sollen sie vielleicht auf die Straße und von den Lastwagen überfahren werden?“

Nein, die Straße war auch nicht das richtige. Erwins Mutter hatte recht. Auf der Straße kam jedesmal ein Schutzmann. Man konnte nicht einmal mehr mit der Nachbarclique spielen. Die hatten sich einen Fußball angeschafft. Den ganzen Tag spielten sie auf dem Bauplatz Fußball und wollten nichts mehr von ihnen wissen. Es war wirklich zum Weinen.

„Wir müßten eben auch einen Fußball haben“, erklärte Erwin. Freilich sollten sie einen Fußball haben, das wäre besser als über Kehrrichteimer springen, Abfälle aus den Straßenrändern suchen und schlechte Geschäfte mit ihnen machen oder immerzu warten, ob nicht endlich wieder ein Obstwagen zusammenbricht.

In der Schule gab's einen Fußball. Der wurde jede Woche einmal aus dem Schrank geholt und dann wurde in Gegenwart des Lehrers eine Stunde lang Fußball gespielt. Wenn's am schönsten war, mußte man aufhören. Das war langweilig. Wirklich, ein eigener Fußball, das wäre so eine Sache gewesen. Knorke[1] wäre das. Dann könnte man spielen, wann man wollte. Der Hauswart, die Händler mit ihrem Gemüse, all das könnte einem dann gestohlen bleiben. Ein Ort zum Spielen würde sich schon finden. Darüber konnte man später nachdenken. Das mußte ja nicht der Hof sein. „Dreckloch das“, Erwin spuckte aus. Aber – wo wollte man einen Fußball herbekommen? Das war nicht so einfach.

„Schenken lassen!“

„Denkste. Von wem?“

Sie gingen alle Treppenabsätze des Hinterhauses ab. Jeder dachte an seine Familie. Fast alle Väter waren

---

[1] toll, „Spitze“

arbeitslos und gingen stempeln. Einige waren bereits ausgesteuert. Die Familien, die noch Arbeit hatten und Geld verdienten, die hatten wieder zuviel Kinder. Dann war das Geld deshalb knapp.

Erwin dachte an seine Mutter. Sie saß in der Küche und machte aus altem Kinderzeug Windeln und Hemden. Vier Geschwister waren sie schon, und nun sagte Mutter, es würden bald fünf werden. Wenn's Mutter sagte, stimmte das immer.

Erwin spuckte zum zweiten Male aus. Zu dumm! Warum mußten sie auch so viele Kinder sein! Wäre er allein da gewesen, hätte es vielleicht zum Fußball gereicht.

„Was glaubste denn, was so ein Ding kostet?"

Paul dachte nach. „Viel Geld."

„Wir könnten vielleicht mal in ein Geschäft gehen und fragen."

Paul kramte in seinen Taschen und holte neben Bindfaden, einer zerdrückten Streichholzschachtel, einem toten Käfer und einigen Nägeln, die er gesammelt hatte, einen Sechser. Er besah ihn sich von allen Seiten und steckte ihn wieder ein. „Zum Fußball langt det doch noch nicht", sagte er. „Wir können so was Feines nicht kaufen. Wenn ich noch drei dazu finde, geh' ich ins Kino. Das ist wenigstens etwas!"

Erwin schwieg. Wenn Paul „wir" sagte, dann war's aus. Bei „wir" ging's nicht weiter. Das war ein Ende. Eine Mauer, über die man nicht wegkonnte. Das hieß: Hinterhaus, nicht spielen dürfen, angeschrien werden. Nie genug essen können, schlechte, geflickte Kleider tragen müssen, arbeitslos werden, Gerichtsbeamte, Obdachlosenasyl. Sie sprachen nicht mehr von dem Fußball. Aber Erwin konnte ihn nicht vergessen.

Sie sprachen viele Tage nicht von dem Fußball. Sie buddelten nur im Hof herum und suchten zwischen den Lagerhäusern einen Platz für eine Höhle. Aber nachts träumte Erwin vom Fußball. Alle Fenster waren plötzlich mit Fußbällen angefüllt. Fußbälle rollten vor ihm auf der Straße. Er rannte ihnen nach, wollte sie greifen, aber jedesmal kam ein Wagen und fuhr über den Ball, daß er zerplatzte. Er rannte einem anderen Ball nach, aber, gerade als er über die Straße lief, hob der Verkehrspolizist den Arm und sperrte die Straße. Der Fußball verschwand.

Erwin wälzte sich im Schlaf von einer Seite auf die andere. Karlchen fing an zu wimmern und knuffte ihn in die Seite. Er sollte endlich stille liegen. Die Mutter machte „Pßt" aus ihrem Bett. „Wollt ihr Rangen wohl ruhig sein!"

Da, plötzlich spürte er eine große Freude. Er hatte endlich einen Fußball. Endlich hatte er ihn. Er stieß zu, seine Beine zuckten vor Vergnügen. Der Fußball flog in die Höhe – flog ins Küchenfenster, der Frau Manasse mitten in den Kaffeesatz. Erwin schrie vor Entsetzen. Er wachte auf von lautem Gebrüll. Die Mutter beugte sich über ihn. Unten auf dem Fußboden lag sein kleiner Bruder und strampelte mit den Händen und Füßen. Der Platz neben ihm war leer. Er hatte seinen Bruder als Fußball aus dem Bett geworfen.

Am Morgen ging er zur Schule. Immer zwischen den dunklen Steinmauern, stumm, mit verbissenem Gesicht. Er war der erste. Das Klassenzimmer war noch leer. Am Klassenschrank steckte der Schlüssel. Weiß der Teufel, wer den aus Versehen hat stecken lassen. Wer war denn Ordnungsschüler? Erwin schlich neugierig näher. Da hinten lag der Klassenfußball. Sechs Tage lag der schöne Ball tot und ungebraucht zwischen Atlanten und Heften in einer Ecke. Hätte man ihn nicht die übrigen fünf Tage benutzen können? Man brauchte ihn nur am Sonnabend zur Turnstunde rechtzeitig wieder hineinzulegen. Erwin schloß den Schrank auf und zog hastig den Ball hervor. Er streichelte ihn und wurde nachdenklich. Man konnte die Luft auslassen und ihn klein und dünn in die Mappe stecken. Keiner würde ihn vermissen. Nichts würde dem Ball geschehen. Heute war Dienstag. Man brauchte nur am Sonnabend frühzeitig vor den anderen hier zu sein. Er zog an den Verschnürungen. Plötzlich wurde die Tür aufgerissen und die anderen Jungen stürzten herein. Nun war nichts mehr zu machen.

Er schloß den Schrank zu und ging auf seinen Platz. In der Pause blieb er zurück. Noch immer steckte der Schlüssel. Ja, es war wirklich weiter gar nichts dabei. Er wollte den Ball schon hüten. Und was würden die anderen Jungen aus der Bande sagen, wenn sie den Fußball sahen? Er freute sich ordentlich. Es waren immerhin noch drei Tage.

Er hatte ihn gerade in den Händen, da ging die Tür auf, und Herr Schrammler kam, der Lehrer.

„Was machst du denn da? Warum bist du nicht im Hof? Leg den Ball weg. Heute ist keine Ballstunde."

Weiß der Teufel, was der alles noch sagte. Erwin brummelte etwas vor sich hin. Von Hefte suchen, Bleistiftspitzer verloren. Na, was man eben so sagt, lauter dummes Zeug. Er dachte, es sollte nicht sein. Es war wohl auch besser so. Schließlich ist es ja doch nicht „unser Fußball". Das macht keinen Spaß, ein Schulball bleibt ein Schulball.

Als der Unterricht wieder begann, war der Schrank abgeschlossen. Der Ordnungsschüler hatte sich auf seine Pflicht besonnen. Und nun gingen sie nach Hause.

Paul tippte ihn von hinten auf die Schulter: „Mensch, Erwin, ich wollt' dir wat sagen, von wegen det Fußballs."

Erwin zuckte zusammen. Also Paul dachte auch noch daran. „Ja, wat denn?"

„Bei Tietz gibt's billige Tage, billige Fußbälle. Ich hab's gesehen, ein ganzes Fenster voll. Gehn wir mal hin und gucken. Ich kann ja auch mal fragen, wat ener kost'."

Erwin strahlte. Hingehen und ansehen oder fragen, das war immerhin schon etwas, das konnte man. Sie machten sich am Nachmittag auf den Weg. Sie mußten um viele Häuserblöcke, durch viele Straßen. Sie hatten es sehr eilig, waren ungehalten, wenn sie zu spät an den Übergang kamen und warten mußten, bis die Bahnen, Autobusse und Wagen passiert hatten. Sie stürzten als erste über die Straßen.

„Was meinst du, wieviel er kosten wird?"

Sie schätzten und rieten. Endlich tauchte das große Warenhaus auf. Es war ein Riesenblock. Wie aus weißem Marmor leuchtete es mit den großen Quadersteinen und der hohen Kuppel. Erwin lief jetzt so schnell, daß Paul kaum folgen konnte. Der packte ihn am Rock. „Weißt ja doch nicht, wo, Mensch, warte doch. Du wirst staunen." Er zog ihn um die erste Ecke. Da! Ein ganzes Fenster voll. Man sollte es nicht glauben. Aus lauter Fußbällen hatten sie hinter dem Fenster einen Berg aufgebaut. Eine richtige Pyramide. Dem obersten hatten sie ein Gesicht angemalt. Ein lachendes, feistes Gesicht. Und aus der Mitte des Berges ragte eine Hand heraus mit einer Aufschrift: „Treibt Sport!"

„Sport stählt und erhält gesund!"

„Gebt den Kindern Licht, Luft und Raum zum Sport!"

An den Seiten gab es alle Sportgeräte, die man sich nur wünschen konnte.

„Schweinerei das", sagte Paul. „Was heißt: Gebt! Woll'n mal fragen, wer uns gibt!"

Erwin starrte auf die Bälle. Ihm schwindelte fast. Er trommelte mit den Händen gegen die Schaufenster, als wollte er die Bälle aufmerksam machen.

„Mensch, mach dir nicht unbeliebt!"

Paul zog ihn fort. „Also gehn wir rein."

Sie schoben die Hände in die Taschen. Sonst war nichts drin zu hüten. So kamen sie an die Drehtür. Unaufhörlich wand sie sich in ihren Angeln. Eilige Käufer strömten hinein und heraus.

Erwin hatte die tollsten Gedanken: Wie, wenn jetzt plötzlich drin im Haus ein Brand ausbricht. Alles stürzt heraus. Er wird zuallererst die Fußbälle retten und dafür einen Fußball geschenkt bekommen. Dann ist alles gut. Es braucht ja nicht gerade ein „schlimmer" Brand zu werden.

Da wird er aus der Drehtür heraus, in die er sich gerade hineingeschoben hatte, zurückgeschoben. Mit einem festen, entschiedenen Griff. Er sah auf. Der Portier in grüner Uniform mit blanken Knöpfen sah ihn an.

„Was willst du denn? Kindern ist der Besuch im Warenhaus nur in Begleitung Erwachsener erlaubt."

„Ich will aber doch wat kaufen."

Nun wird der Mann gleich nach Geld fragen und er hat keins, um es vorzulegen. Also nicht einmal ansehen wurde ihnen erlaubt.

„Meine Mutter schickt mich, die hat keine Zeit. Ich kauf' für sie ein", log er feste drauflos. Aber Paul zog ihn fort.

„Das kommt nur von der Proletenkleidung[2]. Fragt er vielleicht den da? Kiek[3] mal!"

Hinter einer Frau kam ein Junge in Matrosenkleidung und dunkelbrauner Mütze. Ein kleines Mädchen folgte, und die durften ungehindert passieren.

Paul winkte ihm. „Komm, jetzt weiß ich, wie man's macht!" Sie liefen auf die andere Seite zu der dortigen Drehtür. „Faß dir am Rock irgendeiner Frau, da kommen wir rein."

Also gut, er wartete, bis eine Frau an die Drehtür gelangt war, zog sie möglichst sichtbar und fest am Rock und schlüpfte hinterher.

„Laß doch los. Was machste denn, Lausebengel!" Die Frau schüttelte ihn ärgerlich ab.

---

[2] einfache, billige Kleidung
[3] guck!

Macht nichts. Jetzt war's gut. Er war drin. Paul drehte sich ebenfalls schon nach der Innenseite. Sein Mund reichte vor Vergnügen von einem Ohr zum anderen. So lachte er über den gelungenen Streich.

Drinnen war's warm und behaglich. Ihre beiden Nasen schnupperten wie Tiere die fremden Gerüche und Geräusche ein. Die Leute drängten sich an die Tische. Alles war voll. Für eine Weile vergaßen sie fast ihren Fußball. Sie schielten nur nach rechts und links.

„So'n Besitzer vom Warenhaus muß ein reicher Mann sein." Paul schätzte die Tische und Waren ab.

„Saftig. Aber wo hat der hier bloß die Fußbälle?" Erwin sah sich um. Ein Fräulein schickte sie in die dritte Etage. „Sportlager."

Sie fuhren mit dem Aufzug hinauf. Das kitzelte im Bauch und war lustig. Sie fuhren darum erst bis zum Dach und dann noch einmal hinunter. Dabei entdeckten sie auch die Rolltreppe. Jetzt vergaßen sie ganz, warum sie gekommen waren. So lustig war die Rolltreppe. Endlich sagte Erwin: „Aber Junge, Junge, der Fußball!"

Richtig! Im Sportlager gingen sie langsam, fast auf Zehenspitzen. So viel gab es hier zu sehen. Es war auffallend ruhig. Kein Käufer. Erwin blieb stehen und hielt Paul fest. Wie weggeworfen und vergessen lag in einer Ecke auf dem Fußboden ein Berg Fußbälle. Sie konnten hingehen und sie anfassen. Blieben sie denn wirklich ganz allein hier? Das war nicht zu glauben. Neben dem Fußballberg war die Treppe. Und da an der Ecke stand: „Notausgang." Der Fahrstuhl fuhr an der anderen Seite. Dort drängten sich die Leute. Da war die Lebensmittelabteilung. Erwin seufzte. Er nahm einen Ball in die Hand. Wenn bloß einer käme. Der Ball brannte unter seinen Fingern. Er sah zu Paul hinüber. Was der wohl dachte? Paul sah auch immer häufiger nach der Treppe und spielte mit einem Ball. In der Nebenabteilung hörten sie eine

Dame ungeduldig „Bedienung“ rufen und wieder „Bedienung“. Also da war auch keiner. Erwin ließ den Ball los und versuchte nach der anderen Seite zu sehen. Das tat er, um nicht den Ball zu ergreifen und mit ihm wegzulaufen. Denn das schien ihm viel einfacher als ihn liegen zu lassen. Er faßte einen raschen Entschluß.

„Bedienung!“ schrie er nun auch, und zwar ganz laut. Seine Stimme klang rauh und zornig.

„Mensch, dich hat's wohl. Bist du verrückt?“ Paul sah sich furchtsam um. „Wir haben doch kein Geld.“

Hinter einem Schrank kam ein Herr hervor. Der antwortete nicht gleich, sondern sah die Jungen von oben bis unten an. Prüfend und mißtrauisch.

Erwin zog die Mütze tiefer ins Gesicht, um dem Blick auszuweichen. „'Was kostet so ein Ball hier, wollt' ich fragen?“

„Wie's angeschrieben steht. Stück für Stück neun Mark und fünfzig. Sonderangebot. Extra billig!“

Natürlich stand's da. Ein großes Schild. Das hatten sie gar nicht gesehen. Erwin drehte sich alles im Kopf. So viel Geld wird er niemals bekommen. Vier Kinder. Bald fünf. Pauls Vater arbeitslos. Die Jungen gingen schweigend nach Hause. Neun Mark fünfzig, fast zehn Mark. Man geht über die Straße. Setzt einen Fuß vor den anderen. Kommt dabei weiter und weiter. Ist wieder in dem bekannten großen Häuserviertel zwischen dem Geruch der Markthallen und Hinterhöfe und denkt unablässig das eine. Ein Fußball, bergeweise zu kaufen bei Tietz für neun Mark fünfzig. Auf dem Hof hockte die Bande und spielte Messerstechen. Aus den Küchen des Vorderhauses zog Essensduft über den Hof. Im Hinterhaus keiften die Weiber und klapperten Nähmaschinen. Da faßt Erwin einen Entschluß. Er muß einen Fußball haben. Er muß! Es gibt Möglichkeiten, sich Geld zu beschaffen. Er stößt die spielende Bande auseinander, unterbricht ihr stummes Messerspiel und teilt ihr seinen Entschluß mit. Es ist wegen des Fußballs. Weil sich doch die Bande in der Nebenstraße mit ihrem Ball so wichtig tut. Sie müssen deswegen endlich auch ihren Ball haben.

Er tuschelt mit ihnen, erklärt und wägt die Möglichkeiten ab. Die anderen hören zu. Der lange Heiner zuckt die Achseln. „Wenn du Fußball spielen willst, tritt in'en Sportverein ein. Mach dir doch nicht lächerlich. Wo willste denn hier spielen? Zwischen den Autos?"

„Det findet sich schon. Ich will einen eigenen Fußball haben. Nur einen für die Clique!"

Die anderen Jungen waren mißtrauisch. Sie hatten gar keine Lust. „Ach ne", sagten sie. „Mach mal alleine."

Der schwarze Willi schlägt vor, der Nachbarclique den Ball zu klauen. Davon will Erwin nichts wissen. Nein, er will ihn verdienen. Das ist sein Vorschlag. Es gibt genügend Möglichkeiten, womit sich eine Jungenhorde Geld verdienen kann. Auf dem Bahnhof Koffer tragen. Vor den Kinos die Autotüren öffnen. Dabei fällt manchmal Geld ab. Man kann Botengänge übernehmen. Alles Geld wird zurückgelegt und gesammelt, bis die neun Mark fünfzig voll sind.

„Hundert Jahre wirste alt, bis du soviel Geld zusammen hast." Keiner will an den Erfolg glauben.

Aber Paul und der schwarze Willi aus der Kellerwohnung sind bereit, mitzumachen. Am nächsten Tage fangen sie an. Nach dem Mittagessen rennen sie gleich auf den Bahnhof. Der Bahnhof ist von ihrem Häuserviertel ein großes Stück entfernt. Dort stellt sich jeder an eine andere Ecke.

Die Autos kamen vorgefahren. Leute stiegen aus. Sie zogen ihre Koffer hinter sich her oder winkten Trägern.

Erwin reißt die Autotüren auf und bietet sich an, die Koffer zu tragen. Keiner sieht den kleinen Jungen an. Erwin ist sehr aufgeregt. Er zittert. Er hat noch nie gebettelt. Aber nun steht er da, streckt seine Hand aus und wartet. „Bitte schön, wollen Sie mich nicht tragen lassen? Bitte sehr, vielleicht Träger gefällig? Ich kann das sehr gut."

Erwin ist ein kleiner und schmächtiger Bub. Er ist sogar mager und blaß. Man sieht ihn an und glaubt nicht, daß er Koffer tragen kann. Ein Mann hat ihm einen Sechser in die Hand gedrückt – fürs Türöffnen. Er steht nun fast zwei Stunden. Die Füße tun ihm weh. Endlich kommt eine Frau aus der elektrischen Bahn. Sie schleppt einen Koffer und keucht unter der Last. An allen Trägern geht sie vorüber. Erwin stürzt hin und folgt ihr. „Bitte schön, lassen Sie mich doch tragen. Geben Sie mir den Koffer, liebe Frau, der ist für Sie viel zu schwer."

Sie atmet auf und sagte: „Wie freundlich du bist. Wenn du ihn tragen kannst." „Bitte." Verteufelt, der Koffer ist schwer. Erwin schleift ihn mit allen Kräften hinter sich her.

Nur jetzt nicht schlapp machen. Er packt ihn mit beiden Händen, so fest er kann. Zwei Träger stehen da und schauen mißtrauisch zu. Sie tuscheln über ihn und lachen. Erwin streckt ihnen die Zunge heraus. Nun erst recht wird er zeigen, was er kann. Es war allerdings ein Glück, daß die Frau vorauslief und sich nicht umdrehte. Er wälzte den Koffer unbarmherzig hinter sich her. Es holperte und klapperte darin. Hopp, hopp, hopp, ging's die Treppe aufwärts. Die Frau stand schon im fahrbereiten Zug und riß ihm den Koffer aus der Hand. „Du bist ein lieber, guter Junge", sagte sie, „warte einen Augenblick." Nun wird sie ihm gleich etwas geben. Sie steigt aus und kommt auf ihn zu. Dann packt sie seinen Kopf mit beiden Händen, tätschelt ihn, beugt sich über ihn und gibt ihm einen lauten, herzhaften Kuß.

„Ein wirklich hilfsbereiter, netter Junge bist du. Ach, wenn nur alle Jungen so wären."

Erwin ist so erschrocken und entsetzt über den Kuß, daß er gar nichts sagen kann. Er vergißt ganz, um eine Kleinigkeit zu bitten. Der Schaffner ruft bereits: „Einsteigen!" Die Dame springt mit einem großen Satz in den Zug und verschwindet. Erwin rennt enttäuscht wieder nach unten. Er läuft dabei einem eiligen Herrn in den Weg.

„Junge!" schreit er, „schnell, schaff mir die Tasche zum Zug hinauf. Ich komme sofort nach." Er schwenkte sie vor Vergnügen, denn diese Tasche war leicht. Aber hol's der Teufel. Die Tasche war nicht verschlossen und sprang auseinander. Büchsen, Dosen, Kämme und Zahnbürste, Taschentücher und Kragenknöpfe kullern über den Perron[4]. Erwin ist ganz verzweifelt. Er hält die stürzenden Gegenstände fest und rutscht auf dem Boden herum, um alles wieder zusammenzusuchen. Schon hört er eine polternde Stimme hinter sich. Der Besitzer der Tasche steht

[4] Bahnsteig

hinter ihm. Er flucht und schimpft entsetzlich. Erwin erwartet jeden Augenblick, daß er ihn ohrfeigen wird. Zum Glück mischt sich ein alter, freundlicher Träger ein.

„Man gibt auch keine unverschlossenen Taschen aus der Hand. Schließlich sind sie doch dazu da, daß sie verschlossen werden."

Ein anderer Träger aber sagt: „Das kommt davon, wenn man den Kindern was anvertraut." Erwin ist wütend. Kann er etwas dafür, daß die Tasche unverschlossen war. In Zukunft wird er immer erst fragen. Jetzt aber macht er lieber, daß er weiterkommt. An Bezahlung ist natürlich gar nicht zu denken.

Die nächsten beiden Male hat Erwin jedoch mehr Glück. Und als er sich am Abend mit Paul und Willi an der Haltestelle des Autobusses wieder traf, hatte er zwanzig Pfennige. Das war der Anfang. Paulchen hatte nur fünfzehn Pfennige und Willi sagte, er hätte gar nichts. Aber Willi lutschte Bonbons. „Wo hast du denn die her?" Erwin war plötzlich mißtrauisch.

„Hab' ich geschenkt bekommen."

„Ach wat, lüg doch nicht. Haste gekauft. Von unserem Verdienst gekauft."

Aber da wird Willi ganz frech. „Und wenn ich sie gekauft hätte", schreit er. „Is mein gutes Recht. Wenn ich Geld verdiene, kann ich damit machen, wat ich will. Det mit dem Fußball ist doch nischt."

Da schlossen sie Willi von ihrem Bund aus. Paul und Erwin aber taten sich zusammen. Sie steckten ihr Geld in einen alten Schuhbeutel und beschlossen, ihn zur Sicherheit zu begraben. In einer Ecke des Hofes, dicht am Eingang der Kellertür, waren neben dem Kehrichteimer einige Pflastersteine lose. Die kratzten sie vollends heraus und scharrten darunter eine Grube. Dorthinein versenkten sie das Geld. Dann klopften sie die Pflastersteine wieder schön fest. Es konnte wirklich keiner etwas sehen. Kaum waren sie fort, kam die Portiersfrau und stellte die Kübel darüber. Jetzt war das Geld in Sicherheit.

Erwin und Paul liefen nun jeden Tag auf Arbeit. Daheim im Hinterhaus wunderte man sich, wo die Jungen den ganzen Tag über waren. Die anderen Jungen brummten. Sie nannten Erwin und Paul Spielverderber. Bei keinem Straßenkampf wollten sie mehr mitmachen. Immer rannten sie fort und blieben verschwunden.

Sie standen indessen vor Kinos und Bahnhöfen. Sie rissen die Türen der vorfahrenden Autos auf. Sie schleppten Koffer oder boten sich zu Botengängen an. Es ging sehr langsam mit dem Geld. An manchen Tagen brachten sie nur einen Fünfer mit nach Haus.

„Wir müssen uns was Neues ausdenken“, sagte Erwin. Die Träger auf dem Bahnhof waren schon aufmerksam geworden. Sie schimpften über die Jungen. „Das läuft hier herum und nimmt ehrlichen Arbeitern das Brot weg.“

„Wir müssen uns was Neues ausdenken.“ Paulchen war der gleichen Meinung. Sie versuchten es mit Schuhputzen neben dem Fahrkartenschalter. Zum Putzen nahmen sie ihre Mützen. Wahrhaftig, das war kein schlechter Gedanke gewesen. Während die Leute Fahrkarten lösten und Geld wechselten, beugten sie sich schnell über die Schuhe, putzten und wischten sie blank. Dann streckten sie die Hand nach oben. Manche lachten nur und liefen weiter. Andere schüttelten die Hände wie lästige Fliegen ärgerlich ab. Der eine oder der andere gab etwas, weil er gerade Geld in der Hand hatte oder weil ihm die Schnelligkeit der Jungen Spaß machte. Auf die Dauer war es allerdings schrecklich kalt, immer auf dem Steinboden zu knien. Die Füße und Knie taten weh. Sie hockten dicht neben dem Schalter und wischten erbarmungslos über alle Füße, die vorüberzogen. Die linke Hand war unentwegt nach oben gerichtet. Es gab Fünfer und sogar Zehner. Aber eines Tages kam der Kontrollbeamte und schickte sie weg. Das, sagte er, sei unerlaubt. Man sollte sie der Polizei übergeben, wegen Belästigung der Reisenden.

Erwin maulte und zog mit Paulchen nach einem anderen Bahnhof. Sie blieben nur so lange, bis man aufmerksam auf sie wurde. Als die Stadtbahnhöfe nicht mehr in Frage kamen, versuchten sie es bei der Untergrundbahn. Manchmal bekamen sie eine Zeitlang nichts. Und wenn sie verdienten, kamen sie in Versuchung, etwas von ihrem Verdienst auszugeben.

Es wäre schön gewesen, wenn sie ein einziges Mal hätten in ein Kino gehen können. Sie blieben vor den Aushängeschildern an den Portalen stehen und ließen sich mit in den Vorraum ziehen. Aber an der Kasse drehten sie sich im letzten Augenblick entschlossen wieder um.

Auch wenn sie hungrig waren und das Geld in der Tasche fühlten, während sie an Obstwagen vorüber mußten, auch dann war es sehr schwer, weiterzugehen. Das beste war, nicht hinzugucken und sich statt dessen lieber einen Zeitungsstand anzusehen. Das taten sie auch.

So vergingen Wochen und Monate. Die anderen Jungen hatten den Plan längst wieder vergessen. Sie sprangen weiter über Kehrichteimer, ließen sich von Frau Manasse und dem Hausverwalter ausschimpfen oder machten Messerstechen. Manche angelten auch aus Kellerlöchern mit Magneten nach Metallgegenständen und hofften, auf diese Weise zu Gelde zu kommen.

Erwin und Paul aber waren schon bei drei Mark und zwanzig Pfennigen angelangt. Und gerade zu der Zeit geschah etwas. Pauls Vater, der Schlosser Richter war schon seit langem arbeitslos. Kein Amt wollte ihm mehr Unterstützung zahlen. Er war ausgesteuert worden und sollte sich an die Wohlfahrt wenden. Die Mutter ging waschen und verdiente sich eine Kleinigkeit. Eines Tages aber wurde sie krank. Der Arzt mußte geholt werden, doch dazu brauchte man einen Krankenschein. Um den Krankenschein zu bekommen, braucht man erst fünfzig Pfennige. Pauls Mutter war ganz böse. „Fünfzig Pfennige für so ein Stück Papier, wo man ein ganzes Brot dafür haben kann. Nee, nee. Laßt man gut sein. Und wer weiß, was noch dazu gehört. Kauft lieber Brot, det ist viel wichtiger. Dann werden die Kinder groß und stark."

„Weißt du", sagte Paul zu Erwin, als sie am anderen Tage loszogen, „bloß wie die Mutter nachts immer stöhnt, weil ihr das so weh tut. Dann kannste kaum dabei schlafen." Er war sehr bedrückt.

„Vielleicht", meinte Erwin, „sollten wir den Schein bezahlen, da wir doch auch schon drei Mark zwanzig haben. Wegen der fünfzig Pfennige bleiben uns doch noch immer zwei Mark siebzig. Jetzt ist ja bald Winter. Bis zum Frühling holen wir das wieder auf."

„Wenn du meinst. Ich weiß auch, wo man so einen Schein kriegt. Ich bin mit Vater gestern dort gewesen. Es ist weit von hier. Ich muß mit dem Omnibus fahren."

Erwin dachte: Omnibus macht wieder dreißig Pfennige. „Dann fahr mal alleine, Paulchen. Ich warte indessen hier."

Paulchen strahlte. Eine herrliche Sache war das übrigens, Mutter den Schein zu besorgen. Schade, daß er nicht selbst auf den Gedanken gekommen war.

„Du, Erwin, wir müssen aber warten, bis es dunkel ist, wenn wir das Geld herausholen."

Als es dunkel war, schlichen sie an die Kellertreppe. Es war eine große Anstrengung, den Abfallkübel beiseitezurücken. Sie glaubten fast, es gelänge ihnen nicht. Und dabei mußte sie doch leise sein, damit es ja nicht auffiele. Endlich war es so weit. Sie holten ihren Beutel, zählten fünfzig Pfennige und das Fahrgeld ab und vergruben den Rest wieder. Ein kleines bißchen seufzte Erwin, als das Geld in Paulchens Tasche verschwand. Aber schließlich freuten sie sich sogar.

Am nächsten Nachmittag wartete Erwin an der Straßenecke, bis Paulchen mit dem Schein zurückkam. Ganz heiß hatte er sich gelaufen, denn er war die eine Strecke zu Fuß gegangen, um fünfzehn Pfennige zu sparen, dann stiegen sie beide zu Richters hinauf.

Der Vater stand gerade am Ofen und kochte Brei für die Familie. „Hier", sagte Paul und legte ihm den Zettel in die Hand. Darauf stand „Berechtigung zur Ausstellung eines Krankenscheins". Und wenn man den hatte, durfte man den Arzt holen.

„Junge, Junge", sagte der Vater, „wo haste denn das her?"

„Erwin und ich haben mal ein bißchen Koffer getragen und Leuten die Schuhe geputzt."

„Da haste wohl lange putzen müssen, bis du fünfzig Pfennige zusammen hattest?"

„Ach nee, det kam gleich auf einmal. Ganz schnell ging's", log Paul drauflos. Er wollte nicht zuviel erzählen. Er wollte auch nicht bewundert sein. Der Vater sah ihn so komisch an und machte die Hände so, als wollte er ihm über den Kopf streichen. Paulchen war nicht für Zärtlichkeit zu haben. Dann wurde ihm so zum Weinen zumute, weil er das nicht gewohnt war. Außerdem war's ja auch wegen Erwin. Eigentlich hatte er den Gedanken gehabt. Nun stand er dabei und guckte zu. „Ich muß jetzt runter", sagte er, „die Clique wartet auf mich." Beide rannten zur Tür hinaus und die Treppe hinunter. Aber unten im Hof wurden sie plötzlich schrecklich vergnügt und trommelten mit den Fäusten an die Mauern und auf die Kehrichteimer. „Paß mal auf, wer's am tollsten kann", sagte Paulchen und er schlug und trommelte auf die Blechkästen, daß es nur so schmetterte, dazu drehte er mit seinen Füßen einen Indianertanz.

„Ruhe da unten!" rief es aus dem Fenster der alten Manasse. „Seid ihr denn verrückt geworden. Ich werd' euch gleich." Die beiden schlichen auf die Straße. Nicht einmal freuen durfte man sich.

Es war wirklich gut, daß am nächsten Tag der Arzt kam. „Herr Richter", sagte er, „das ist aber die höchste Zeit, daß Sie mich rufen ließen. Morgen wäre es vielleicht schon zu spät gewesen. Ihr Frau muß sofort ins Krankenhaus zur Operation. Ich hoffe, es wird noch alles gut."

Frau Richter wurde im Krankenwagen ins Krankenhaus gebracht. Paul und Erwin standen unter dem Torbogen und sahen zu. Es war ihnen ganz seltsam zumute. Den ganzen Tag über hatten sie keine Lust zum Spielen und hockten still herum.

„Was meinste dazu", sagte Erwin schließlich, „wir sollten vielleicht besser wieder auf Arbeit gehen. Man kann nie wissen, wozu man's braucht." Er dachte jetzt nicht an den Fußball. Der schien mit einem Male nicht mehr wichtig. Er dachte an seine Mutter. Sie sah jetzt auch immer blaß und ernst aus. In Vaters Fabrik streikten sie. Sie gingen nicht mehr zur Arbeit, weil sie fünfzig Pfennige mehr Lohn haben wollten in der Woche. In der Zeitung stand, zur Strafe dafür sollten alle ausgeschlossen werden. Denn lieber wollte der Fabrikherr gar nicht arbeiten lassen, als fünfzig Pfennige mehr Lohn bezahlen. Und doch wußte Erwin genau, wie wichtig für sie die fünfzig Pfennige waren. Er war ein Brot mehr in der Woche. Denn gerade jetzt hatte Mutter den Wäschekorb zurechtgemacht für das neue Kind, das sie erwarteten.

„Kann jeden Tag kommen", sagte die Mutter. „Das arme Wurm kommt zur unrechten Zeit."

Vater und Mutter nannten es nur „das arme Wurm". Mutter hatte ganz recht. Das Brot war schrecklich knapp im Hinterhaus bei Erwins Eltern. Trotzdem sollte ein Esser mehr kommen und Vater vielleicht ausgesperrt werden, dann mußte er ohne Arbeit draußen vor den Toren der Fabrik stehen.

„Weißte“, sagte Erwin, „so ein Haus hat det viel besser. Det steht da und hält feste und braucht nich zu essen und nich zu trinken. Kiek dir's doch mal an. Is nie hungrig. Und steht doch einen Tag wie den anderen, und alles ist gut. Oder auch so ein Blümchen, wie det von der Frau Manasse, was da aufs Fensterbrett steht und jeden Tag mit so einem Tröppken Wasser begossen wird, hat det auch viel leichter.“

Paul sah ihn ganz dumm an. „Wie kommste darauf, Erwin?“

„Ach, nur so. Ich meine, weil ich jetzt immer hungrig bin, den ganzen Tag, und mich darüber ärgere. Nun kommt noch det neue Wurm. Wir wissen ja noch nich, ob's ein Mädel oder ein Junge ist. Aber das will doch auch essen und kriegt nischt.“

„Dafür ist det doch ein Mensch, Erwin. Kein Haus oder Blumenstock von der Frau Manasse. Möchtest du vielleicht ein Haus sein und immer stinken wie det unsere hier? Nee, nee, det ist nich richtig. Vater sagt, gibt noch genug Menschen, die mehr zu essen haben, als sie essen können.“

Sie schlenderten nebeneinander über die Straßen und spähten nach kleinen Gelegenheitsdiensten aus. Sie drängten sich bis in die belebten Geschäftsstraßen, bis in die westlichen Stadtteile. Ihr einträglichstes Geschäft war und blieb Schuheputzen.

Mit Erwins Mutter ging alles gut.

Eines Tages, als Erwin vom Bummel kam, hatte sie ein quiekendes kleines Kind neben sich im Bett. „Kiek mal Erwin, det ist euer Schwesterchen.“ Sie konnte kaum reden, so müde war sie von dem Schreck, daß das Kind nun schon angekommen war. Aber sie fuhr ihm zärtlich über das Gesicht. „Ein schönes Kind ist det“, sagte sie, „und richtige Haare hat's auch. Wie wollen wir's denn nennen? Ich denke, wir nennen's Rosa.“ Rosa wurde in einen Korb gelegt, der an zwei Stricken von der Decke herabhing und den Erwin schaukeln mußte, damit das Kind Ruhe gab.

Es war ein Glück, daß diesmal trotz allem die Arbeiter den Streik gewannen und nicht ausgesperrt wurden. Drei Wochen waren sie ohne Arbeit und Brot gewesen. Länger hätten sie es nicht aushalten können. Aber nun konnte noch alles gut werden.

Auch Pauls Mutter war wieder gesund. Erwin und Paul atmeten auf. Weiß Gott, jetzt konnte man endlich wieder an den Fußball denken. Die Kasse war recht zusammengeschmolzen, denn Paul hatte darauf gedrungen, daß Erwin für seine Mutter einen Fünfziger herausnahm und dafür Bananen kaufte. Die aß sie so gern. Sie teilte sie sich für mehrere Abende ein. Sie gab sogar den Kindern etwas davon. Anders machte es Mutter nicht.

Als sie wieder aufstand, und der Vater den ersten neuen Wochenlohn heimbrachte, gab's sogar einen richtigen Braten mit saftiger Sauce. „Paß auf, Mensch, Paule", sagte Erwin, und er machte lange Schritte vor Vergnügen, „jetzt kriegen wir bald unseren Fußball. Ich hab' det so im Gefühl!" Vielleicht kam's auch davon, daß die Sonne schien. Der Himmel war märzblau. Es gab bereits Veilchen und Maiglöckchen an den Plätzen zu kaufen. Die Jungen trugen keine Mützen mehr, sondern ließen sich den Wind durch die Haare blasen. Und gerade an einem solchen Tag hatten sie vier Mark zusammen und überlegten ernstlich, ob man das nicht besser in großes Geld einwechseln sollte.

Sie saßen auf der Schwelle des Hinterhauses und erwogen alle Vor- und Nachteile des Einwechselns. Da kam ein Vollzugsbeamter mit zwei Trägern in den Hof und blieb stehen. Der Beamte zeigte zu den Fenstern hinauf, hinter denen Richters wohnten und überlegte mit den Leuten. Paulchen ahnte nichts Gutes. Er sah ganz erschrocken aus und faßte Erwin an.

„Wenn der nur nicht zu uns kommt“, flüsterte er. „Vater und Mutter haben schon jeden Tag solche Angst gehabt, daß der Hauswirt ihn schickt und uns pfänden läßt.“

Bei Richters ging es noch immer sehr schlecht, obgleich die Mutter wieder gesund war und auf Arbeit gehen konnte. Die lange Krankheit hatte doch Geld gekostet. Der Vater war schon aus allen Unterstützungskassen ausgesteuert worden und fand noch immer keine Arbeit.

Die drei Männer sahen die Eingänge des Hauses nach, und natürlich gingen sie gerade auf den Richterschen zu.

Erwin und Paul erkannten auch gleich am Klang der Klingel, daß es Paulchens Wohnung war, vor der sie haltmachten. Sie schlichen hinterher. Oben war ein erregtes Stimmengewirr. Pauls Mutter jammerte. „Ach nee, auch das noch, auch das noch!“

Der Vater schimpfte. Dazwischen bat er. „Geben Sie mir noch drei Tage Frist. Ich sage Ihnen: drei Tage.“

Sie hatten ihm gerade jetzt Arbeit als Gelegenheitsarbeiter beim Untergrundbahnbau in der Nebenstraße angeboten. Morgen sollte es sich entscheiden.

Paul und Erwin standen hinter der Tür und lauschten. Es war gar nichts Neues. Solche Pfändungen kamen jeden Tag im Hinterhaus vor. Wenn einmal der Beamte vom Gericht mit den Trägern da war, dann war nicht mehr zu helfen. Das wußten alle.

Dabei war der Beamte kein böser Mann. Er sagte immer: „Aber, liebe Leute, ich komm’ doch von der Behörde. Die schickt mich. Kann ich etwas dafür, wenn die Behörde es will? Ich muß nur meine Pflicht tun. Da steht’s, so und so viel Schulden und keine Miete bezahlt. Also – selbst wenn Sie wieder Arbeit finden – das können Sie doch nicht einholen. Oder haben Sie vielleicht Geld? Haben Sie vielleicht vierundsechzig fünfzig für alle Ihre Abzahlungen und Schulden?“ Erwin schauderte ordentlich. Da konnten ja nicht einmal die vier Mark helfen, die unten im Hof vergraben lagen.

Pauls Mutter schluchzte.

„Ich sag' Ihnen das im guten", sagte der Beamte von der Behörde. „Gehen Sie ins Familienasyl und lassen Sie das Zeug fahren. Was wollen Sie mit den alten Klamotten[5]? Ist überall der Holzwurm drin. Ich lass' das Bett und das Kochgeschirr da, und nun ziehen Sie ab. Melden Sie sich im Asyl." Dabei winkte er schon den zwei Männern, die noch unten im Hof standen. Sie sollten heraufkommen und ausräumen. Aus den anderen Türen kamen die Nachbarn gelaufen und blieben stehen. Alle hatten sehr ernste Gesichter und tuschelten miteinander. Sie gingen zu Frau Richter, bedauerten sie, gaben gute Ratschläge und wollten ihr helfen. Aber sie hatten alle selber nichts.

Als die Männer ins Zimmer traten und die Möbel zusammentrugen, schoben sich die Nachbarn mit drohenden und zornigen Bemerkungen dazwischen. „Schämen sollt ihr euch, arme Leute aus der Wohnung zu setzen", riefen sie zu den packenden Männern hinüber. Paul fing vor Schreck an zu heulen. Aber vielleicht nur, weil seine Mutter weinte, und weil alles so aufregend war. Die Männer hoben den Tisch auf ihre Schultern. Ohne zu fragen. Ohne daran zu denken, daß man so einen Tisch doch braucht, um darauf zu essen oder Schularbeiten zu machen. Sie schleppten ihn die Treppe hinunter. Es blieb nicht bei dem Tisch. Die Nähmaschine trugen sie auch fort. Die Betten wurden in einen Sack gesteckt.

„Die bleiben hier!" schrie Frau Richter, „rühren Sie mir die Betten nicht an!"

Sie stellte sich schützend vor die rotkarierten Betten und Decken.

„Wollen Sie denn, daß wir erfrieren?"

---

[5] alte, wertlose Sachen (z. B. Möbel)

Die Männer brummten etwas von „Dalassen“ und nahmen statt dessen etwas anderes.

Es dauerte gar nicht lange, da war die Stube ausgeräumt. Es gab ja nicht viel darin.

Paul schluchzte noch immer. Es war zu traurig. Niemand kümmerte sich um ihn. Sein Vater schimpfte mit den Beamten und drohte und fluchte. „Das wird schon einmal alles anders werden“, rief er. „Man wird alles verändern. Wartet nur, bis der Hitler und die Revolution kommt.“

Erwin schlich sich in den Hof. Er hatte seine eigenen Gedanken. Gottesjämmerlich war ihm dabei. Am liebsten hätte er mitgeheult. Nun war alles aus. Paulchen kam ins Asyl. Weit weg von ihrer Straße. Weiß der Kuckuck, wo das Asyl liegen mochte. Am Ende konnte er auch gar nicht mehr in ihre Schule kommen. Und das mit dem Fußball und ihrem Geheimbund war aus. Was nützten ihm noch die vier Mark, die unter den Pflastersteinen des Hofes lagen! Da hatten sie sich gequält und abgehetzt. Oben im Haus schmissen sie die Türen zu. Herr Richter schimpfte noch immer mit den Männern. Draußen auf der Straße verschnürten die Träger die alten Sachen und zogen den Wagen fort.

Durch die offenen Fenster sah Erwin Paulchen mit seiner Mutter und seinen Schwestern im ausgeräumten Zimmer neben einem Stoß Federbetten und einigen Kochtöpfen stehen. Das hatte man ihnen gelassen. Jetzt ging der Hausverwalter zu ihnen. Nein, Erwin wollte von dem Fußballgeld nichts mehr wissen. Die Welt war zu traurig.

Er sah sich um, ob der Hof leer war und ob ihn niemand beobachtete. Dann eilte er in die Ecke, in der das Geld lag. Er hob die Pflastersteine auf, wühlte die Erde hoch, bis er zu seinem Beutel kam und lief mit ihm zur Kellertreppe. Dort reinigte er den Beutel von Erde und Schmutz und ließ das Geld an seinem Ohr klappern. Im Schein der Hoflaterne überprüfte er die Kupferpfennige, die Fünfer und

Zehner. Ein Fünfziger war auch darunter. Er wußte noch genau, wie die Dame ausgesehen hatte, die ihm den gegeben hatte. Er lief zu Richters.

„Paulchen, Paulchen!“ rief er und winkte durch die Flurtür, um Paul aufmerksam zu machen.

Paul half gerade der Mutter Kleiderstücke zusammenschnüren. Er kam näher. „Was denn? Wir gehen fort, ins Asyl. „Paul sah Erwin gar nicht an, er hätte sonst gleich wieder losgeheult.

„Das macht ja nischt. Ihr kommt auch wieder. Wo doch dein Vater bald wieder Arbeit findet. Mein Vater hat erst gestern gesagt: ‚Im Frühjahr wird's besser.‘ Überhaupt, sie sagen ja auch, bald gibt's die Revolution. Dann wird alles besser. Heul man nich!“

„Ich heul' schon gar nicht mehr. Nicht etwa, daß du denkst.“

„Und hier.“ Erwin drückte ihm den Beutel in die Hand. „Du weißt schon; unser Geld. Det mit dem Fußball ist ja nun doch nischt. Ohne dich kann ich nicht spielen. Vielleicht brauchste das im Asyl.“

Paul drehte den Beutel zögernd zwischen den Händen umher. Dann schüttelte er den Kopf und wies ihn zurück.

„Aber, haste denn nich eben gesagt, ich komm' wieder? Warum soll det nischt werden mit dem Fußball! Kannst mir ja auch besuchen im Asyl. Mutter sagt, da gäb's viele Kinder. Da bilden wir eine neue Clique[6] und brauchen den Fußball erst recht."

Verteufelt noch mal. Das war auch ein Gedanke. Daran hatte Erwin gar nicht gedacht.

„Ach nee, nee, Paulchen, behalt man lieber. Man kann nie wissen, wozu du det brauchst. Du bist mein Freund, und ich helf' dir."

„Is nicht", sagte Paul und drehte sich um. „Vielleicht kommste bald nach."

Auch darin hatte Paul natürlich recht. Richters waren nicht die ersten im Haus, die bei den schlechten Zeiten ins Asyl ziehen mußten. Morgen schon konnten dieselben Leute zu seinen Eltern kommen. „Also gut, Paulchen. Aber dann versprich mir nur, ruf mir, wenn du das Geld brauchst im Asyl. Oder wenn deine Mutter wieder krank wird. Freunde helfen sich gegenseitig. Ich reiß' das Geld nicht an, bis ihr wieder raus seid aus dem Asyl."

„Is schon gut, Erwin, mußt mir gar nicht so viel sagen. Grab's mal wieder gut weg. Vielleicht besser auf die andere Seite, damit keiner was merkt. Und versprich mir, wenn die neun Mark fünfzig zusammen sind, dann ruf mir oder komm zu mir ins Asyl. Dann will ich mitgehn und einkaufen. Mach's nur nicht allein."

„Ehrenwort, det versprech' ich dir."

Sie drückten sich die Hände. Nun war das abgemacht. Erwin schob den Beutel in seine linke Hosentasche und behielt zum Schutze die Hand darin. Paul wurde von seiner Mutter gerufen.

---

[6] Gruppe

Eine halbe Stunden später zog die Familie Richter aus dem Hinterhaus Nummer 67 aus und trat den Weg ins nächste Familienasyl an. Erwin folgte seinem Freunde bis auf die Straße und half die letzten Hausgeräte auf den Leiterwagen laden.

„Also abgemacht, Erwin, und halt dicht vor den anderen Jungen der Clique."

„Abgemacht."

Erwin drückte noch einmal Pauls Hand. Dann sagte er Frau Richter „Auf Wiedersehen", drehte sich um und lief fort. Es war ihm noch immer sehr weinerlich zumute. Und er hatte doch solche Sehnsucht nach etwas Hellem und Vergnüglichem.

Er wartete, bis der Hof wieder leer war, dann suchte er sich eine geeignete neue Stelle, um seinen Schatz zu vergraben. Er stach mit dem Taschenmesser an den Pflastersteinen herum, bis er eine Höhle gegraben und alles wieder verdeckt hatte.

Jetzt war er ganz allein. Paulchen sah er nur in der Schule. Dann war er ernst und still. Oder er war müde. Denn er mußte schon am Morgen mithelfen, Zeitungen tragen, und nach der Schule mußte er in die Stadt gehen, Streichhölzer und Schnürsenkel verkaufen. Alles Geld, das er verdiente, mußte er zu Hause abliefern. Für den Fußball blieb nichts mehr übrig. Daß Erwin ihm helfe, wollte er nicht haben.

„Vielleicht geht es bald besser", sagte er, „und dann sind wir froh, wenn wir einen Fußball haben."

Und eines Morgens kam er nicht mehr in die Schule. Der Weg dahin war für ihn zu weit. Er blieb im andern Stadtteil.

So sparte Erwin allein für seine Sache. Und natürlich dauerte das sehr, sehr lange.

Der Wunsch wird erfüllt und noch mehr

Jetzt war es schon wieder Sommer. Es sollte bald große Ferien geben. Die Hitze lag über der Stadt und stieg in schweren, dicken Gerüchen aus den Hinterhäusern. Am Mittag, wenn Erwin aus der Schule kam, war der Asphalt weich und heiß, und er brannte durch die Schuhsohlen. Es gab viel Staub, Gestank und Schwüle in den Straßen des Viertels. Tag für Tag rannte er nach Botengängen durch die Straßen, bettelte an den Ecken oder vor Autotüren und putzte Vorübergehenden den Staub von den Schuhen, um ein paar Kupferpfennige zu erhalten. Dazwischen gab es Tage, da kam er nicht zur Arbeit, weil er die kleine Rosa ausfahren oder im Hofe hüten mußte, während die Mutter auf Arbeit ging.

Aber eines Tages hatte er ein unerhörtes Glück. Wie ein Wunder war das. Auch später erschien es ihm fast unglaublich.

Als er die Straße entlangging und wie gewöhnlich den Boden absuchte, um Abfälle zu erspähen, aus denen er noch einen Vorteil gewinnen könnte, leuchtete ihm zwischen den Gitterstäben eines Kellerfensters etwas Glänzendes entgegen. Das mußte Geld sein.

Er kniete eilig nieder und versuchte, mit den Fingern zwischen die Stäbe auf den Grund zu kommen. Er hält die Hand vor die Augen, damit er genau erkennen kann, was das eigentlich ist. Zum Kuckuck, das ist ein Markstück. Ihm schwindelt fast.

Neben dem Keller, im Flur eines Hauses war ein Grünkramladen. Käufer von dort hatten wahrscheinlich das Geld beim Wechseln oder Einkaufen verloren. Jetzt galt es, sich unauffällig das Geld zu angeln. Er rennt nach Hause und holt einen Stecken, klebt ein nassen Stück Seife daran und stürzt zum Kellerschacht zurück. Daß ihm bloß keiner zuvorkommt! Daß keiner aufmerksam wird und ihm seinen Besitz streitig macht! Jetzt läßt er seinen Stecken hinab und drückt die Seife in das glänzende Geldstück. Schwupp klebt das an und hält fest. Er hatte sich also nicht getäuscht. Er zog nach oben und drehte vorsichtig den Stecken durch die Gitterstäbe. Es war ein richtiges Markstück. Etwas beschmutzt vom Straßendreck, aber sonst in Ordnung.

„Dämlicher Junge, kannste dir nicht vorsehen?“ Hinter ihm keifte ein Marktweib. Er war mit dem Kopf so schnell in die Höhe gefahren, daß er ihr dickes Marktnetz mit hochschob und die Äpfel darin ins Kollern kamen.

Die Frau ist ganz aufgeregt: „Was haste denn auf der Straße zu liegen? Ich werde gleich den Schutzmann holen. Is das vielleich ein Platz? Mitten auf der Straße am hellerlichten Tage? Was haste denn da in die Hände? Wat versteckste denn so schnell? Hast wohl was geklaut?“

Erwins Herz schlug. Wenn die Frau bloß die Mark nicht zu sehen bekam! Sie war imstande und sagte, es sei ihre Mark.

„Ich hab’ nischt geklaut, ich hab’ wat gesucht, wat Verlorenes.“

„Paß besser auf, dann verlierste nischt, und wenn du nischt verlierst, brauchste nischt zu suchen. Hilf mir lieber die Äpfel aufheben!“

Natürlich half Erwin. Mit dem größten Vergnügen. Er war froh, daß sich die Frau beruhigte. Er wischte jeden einzelnen Apfel sogar an seiner Hose ab, nur um der Alten eine Freude zu machen. Dann rannte er heim. Er rannte, daß ihm das Hemd an der Hose klebte. So schwitzte er. Denn man findet doch nicht alle Tage eine ganze Mark auf der Straße. Das kam alle hundert Jahre einmal vor. Seiner Berechnung nach mußte das sogar die neunte sein. Er hatte das Geld lange nicht gezählt, um sich nicht zu häufig an dem Ort aufzuhalten und dadurch Aufsehen zu erregen. Jetzt wollte er sofort sein Geld ausgraben und nachzählen.

Zu schade, daß die Tage so lange hell blieben. Immer noch saßen bis spät abends Leute im Hof.

Als er heimkam, saß natürlich die Portiersfrau mit ihrem Stuhl ausgerechnet über seinem Geld. Erwin blieb wie eine Schildwache dicht neben ihr sitzen und wartete, bis sie endlich wegginge. Er fing immer wieder freundlich an, mit ihr zu sprechen. Er hoffte, es würde sich ein Grund finden, daß sie fortging. Erst sprach er vom Wetter. Im Zimmer, sagte er, sei's viel kühler als hier draußen im Hof.

Die Frau sagte nur: „Schon möglich", und blieb sitzen. Erwin versuchte es auf andere Art. Ob sie bereits wüßte, daß es draußen auf der Straße billige Kirschen zu kaufen gäbe? Herrliche Kirschen seien das. Die müßte sie sich einmal ansehen.

„Ich brauche keine Kirschen nicht", war das einzige, was die Frau sagte. Er versuchte es noch einmal. „Ich glaube, Ihr Mann ruft Sie. Ja, ich hab's ganz deutlich gehört, er ruft Sie. Sie sollen reinkommen."

„Der is ja gar nich zu Hause. Stör mich doch nicht

immer." „Dann ist es vielleicht die Katze, die schreit. Denn ich hör immer ein verdächtiges Geräusch aus Ihrer Wohnung."

Aber nun wurde die Frau sogar ärgerlich. „Stör mich doch nicht immer!" rief sie. „Wat haste denn?"

Da verstummte Erwin und beschloß, lieber bis zur Dämmerung zu warten. Als es so weit war, kratzte er mit höchster Geschwindigkeit heimlich seinen Beutel heraus und rannte mit ihm ins Haus. Einige Minuten später saß er auf dem Abort. Dort durfte er zuriegeln und blieb ungestört. Nun konnte er zählen. Er machte ganz leise, damit die Pfennige nicht so klapperten. Als er bei neun Mark angelangt war und immer noch einige Geldstücke im Beutel waren, flogen seine Hände vor Aufregung hin und her. Sollte er sich verzählt haben? Er begann von neuem. Aber es blieb dabei. Er quietschte fast vor Vergnügen. Er hatte zehn Mark und dreiundzwanzig Pfennige. Also regelrechten Überschuß. Nun mußte er sich sogar den Schweiß von der Stirn wischen. Er wickelte das Geld in Zeitungspapier und steckte alles, so gut es ging, in seine Taschen. Später legte er es in den Schulranzen. Und den stellte er nachts dicht neben sein Bett, um immer, wenn er aufwachte, nach ihm hinschielen zu können.

Er hatte so viel Angst, das Geld könnte plötzlich verschwinden.

Er dachte auch gleich an Paulchen. Paulchen war leider noch immer im Asyl für Obdachlose, weil sein Vater keine Arbeit gefunden hatte. Nach der Schule wollte er mit dem Geld zu Paulchen gehen. Der würde staunen.

Zum Asyl war es ein weiter Weg. Er mußte in einen anderen Stadtteil und wurde sehr müde. Er war noch nie dort gewesen. Wenn er Paul sehen wollte, trafen sie sich immer irgendwo. Viel Zeit hatte Paul nicht. Er mußte jeden Tag mit seiner Mutter in die Stadt handeln gehen.

Vor der Tür des Asyls waren lauter Inschriften, Vorschriften und Verbote. Als er klingelte, wurde nur ein Schiebefenster geöffnet. Das Pförtnergesicht guckte heraus.

„Ach, bitte schön, ich möchte zur Familie Richter."

„Drittes Haus, linke Tür, vierter Hof, zweiter Eingang, rechts."

Schwupp ging das Fenster wieder zu. Das Gesicht verschwand. Erwin versuchte es in einer anderen Ecke. Hier ging es ihm genauso. Das Gesicht verschwand. Überall das gleiche. Jedesmal schloß sich das Fenster wieder.

Endlich gelangte er durch eine Tür in einen breiten Flur. Es roch nach Karbol. Die Wände waren kahl und grau. Er lief den Inschriften nach und kam auf einen Hof. Rechts und links auf dem Hof waren Holzbaracken. Auch hier roch es ungewohnt und seltsam. Vor den Baracken saßen kleine, schmutzige Kinder und spielten in dem großen Schmutz Kuchenbacken und Sandhaufenbauen. Erwin ging zu ihnen und fragte nach Paulchen. Sie liefen mißtrauisch zusammen und berieten untereinander, wer das sei. Sie kannten ihn nicht und schickten Erwin weiter. Er lief durch die ganze Barackenstadt. Ihm wurde beklommen und ängstlich. Alles hier war fremd und bedrückend. Endlich kam ein kleines Mädchen. Das kannte Paul Richter. Es nahm Erwin mit und führte ihn durch einen Flur in einen großen Wohnraum. Hier hörte er laute Stimmen. An der einen Seite des Raumes stand ein langer Tisch. Männer saßen daran. Das waren alles Arbeitslose. Sie lasen Zeitung oder spielten Karten. In der anderen Ecke machten die Kinder Schularbeiten. In der dritten Ecke waren Frauen an einem großen Kochherd beschäftigt. Über dem Ofen hingen nasse Kleidungsstücke zum Trocknen und verbreiteten feuchte, dunstige Luft. In der vierten Ecke war ein Vorhang, und Erwin sah dahinter Betten stehen. Die Betten waren übereinander aufgebaut, um Platz zu sparen. Er kam an den Verschlag der Familie Richter. Paul war nicht da. Aber seine Mutter schlug die Hände zusammen und kam gleich auf ihn zu. Sie weinte fast vor Freude und drückte Erwin an sich. Das war ihm gar nicht so recht. Er kam gar nicht dazu, nach Paulchen zu fragen. So viel wollte die Mutter von ihm wissen.

„Ach du lieber Gott, ja, ja, das waren noch schöne Zeiten, als wir in Nummer siebenundsechzig wohnten. Nee, gar nicht daran denken darf man. Willst du vielleicht einen Kaffee haben? Wo du doch den weiten Weg gemacht hast?"

Sie schüttete ihm eine dünne Brühe aus einem Topf in eine Blechtasse und schob sie ihm hin.

„Auch ein bißchen Zucker?"

Sie holte aus dem Tischschubfach Zucker. Ein Stück. Das brach sie noch durch und legte die andere Hälfte wieder hin.

„Milch haben wir keine", entschuldigte sie sich.

„Wo ist denn Paulchen?" fragte Erwin, während er den Kaffee hinunterschlürfte.

„Is auf der Straße auf Handel. Muß ja aber wohl bald wieder kommen. Wir haben ja sonst kaum einen Verdienst, und er hat sich gut eingerichtet. Er bringt immer mal paar Pfennige mit, und dann gibt's was Warmes in den Magen."

Erwin wurde nachdenklich. Er seufzte. Ob es nicht besser wäre, das Geld hier zu lassen? Pauls Mutter war so mager geworden. Sicher ging es ihnen sehr schlecht. Sie hatte auch weiße Haare bekommen. Auf jeden Fall wollte er mit Paulchen sprechen.

Paulchen freute sich, als er unerwartet Erwin sah. Nicht, daß er viel gesagt hätte. Er zuckte vor Staunen zusammen und zögerte einen Augenblick, als er mit seiner Schachtel voll Streichhölzer und Schnürsenkel ankam.

„Mensch", sagte er dann, „Mensch, Erwin, guten Tag

auch." Und er schob sich ganz dicht und aufgeregt an ihn heran. „Is wohl nu so weit, wat? Mensch, sag doch wat! Hab' dich so lange nicht gesehen!"

Ordentlich blaß wurde er, als Erwin nickte und verstohlen auf seine linke Hosentasche zeigte. Jetzt erst sah Paulchen, daß sie auffallend geschwollen war und Erwin immer ängstlich die Hand darüber hielt. „Mutta, ich geh' mal mit Erwin ein bißchen an die Luft, vor die Tür. Ist ja so heiß hier."

Paul konnte kaum erwarten, herauszukommen. „Geh man", sagte die Mutter, „habt euch ja so lange nicht gesehen."

„Mensch", drängte Paul, „so sag's endlich, wieviel ist's denn?"

„Zehn Mark und dreiundzwanzig Pfennige." Aber Erwin mußte es zweimal wiederholen; Paul wollte es gar nicht glauben.

„So viel Geld? Zehn Mark dreiundzwanzig! Und wenn man so denkt, wie lange wir dazu gebraucht haben. Und zuletzt haste alles alleine gemacht. Ich hab' ja gar nicht mehr gekonnt."

„Jaja", sagte Erwin, „is schon richtig. Aber siehste, grade darum wollte ich dir's eben sagen. Vielleicht braucht ihr das Geld jetzt nötiger. Ein Fußball, det ist ja nicht so wichtig. Und weißt du, wo du doch mein Freund bist, gebe ich dir's gerne."

Paul schwieg. Recht hatte Erwin schon. Aber dann schüttelte er den Kopf.

„Nee, nee, laß man. Hier raus hilft uns det auch nich. Mit dem Fußball können wir spielen und einen Fußballklub aufmachen mit der Clique. Hier wird doch alles nur zu Essen und zu Trinken. Man kann auch mal ohne das schlafen gehen. Mit dem alten Anzug mach' ich vielleicht bessere Geschäfte als mit einem neuen. Denn auf Arbeit muß ich ja ohnedies gehen. Aber ein Fußball, das bleibt eben ein Fußball, den kann man sein Leben lang haben. Da hat man mal einen Sonntag damit."

Erwin atmete erleichtert auf. Sie verabredeten Ort und Zeit, wo sie sich treffen konnten, um den Ball einzukaufen. Gleichzeitig beschlossen sie, zwei- bis dreimal die Woche zusammenzukommen, um zu spielen. Erwin sollte den Ball in Verwahrung nehmen. Ein schönes Leben konnte jetzt beginnen. Sie kauften den Ball bereits am nächsten Tag. Sie nahmen sich nicht einmal Zeit, das Geld einzuwechseln. Der Verkäufer im Warenhaus war sehr freundlich zu ihnen. Er ließ sie so lange aussuchen, wie sie wollten. Obgleich ein Ball genau so wie der andere war. Für neun Mark fünfzig gab's keine Bälle mehr. Die Ausnahmetage waren inzwischen vorüber. Der billigste Ball kostete zehn Mark. Es war wirklich ein Glück, daß sie etwas mehr hatten. Als der Herr den Kassenzettel geschrieben hatte, mußten sie den Ball bezahlen gehen.

Sie schüttelten wahre Geldhügel auf den Kassentisch. Die Kupfer- und Nickelstücke türmten sich, daß beide schützend die Hände vorbauen mußten, damit das Geld nicht herunterrollte. Anstatt sich über so viel Geld zu freuen, begann das Kassenfräulein zu schimpfen. „Konntet ihr mir das nicht noch kleiner bringen? Was soll ich mit dem Pfennigkram?"

„Eine Mark ist auch darunter", sagte Erwin entschuldigend. Das Fräulein nahm die Mark und schmiß sie als erste in die Kassenlade.

„Eine Rücksichtslosigkeit sondergleichen", knurrte sie.

Die anderen Käufer drängten nach und begannen ungeduldig zu werden. Erwin und Paul verstanden das gar nicht. Geld war doch Geld. Das ihre war besonders wertvolles Geld. Sie sahen das Fräulein verwundert an. Sie machte aus Zweiern, Einern und Fünfern lauter gleiche Häufchen. Ein Herr, der neben der Kasse stand, sah lachend zu. Der war viel freundlicher.

„Fräulein“, sagte er, „wer den Pfennig nicht ehrt, ist die Mark nicht wert. Ist so ein altes Sprichwort, aber wahr. Was, Jungens, habt wohl lange gespart, bis ihr das zusammen hattet?“

Erwin nickte: „Schwer gearbeitet haben wir.“

Der Herr begann dem Fräulein bei dem Zählen und Aufbauen zu helfen. Er war wirklich sehr freundlich. Er nahm sogar aus seinem Beutel einen Fünfziger und legte ihn dazu.

„Ich hab’ auch mal so mühsam gespart wie ihr“, sagte er leise.

Nun mußte das Fräulein ihnen sogar von ihrem Geld zurückgeben. Das war natürlich für Paul. Der Fußball wurde ihnen ausgehändigt. Jetzt waren beide schrecklich vergnügt. Sie trugen ihn stolz und glücklich davon. Noch niemals hatten sie einen so schönen Tag verlebt.

Die Enttäuschung

Die Clique war außer sich vor Staunen und Bewunderung, als Erwin mit dem Fußball ankam und ihn vorzeigte. Sie hatten den ganzen Plan schon längst wieder vergessen. Er ging von Hand zu Hand und wurde eingehend betrachtet. Man sparte auch nicht mit Lob. Noch am gleichen Tage wurde aus der Straßenhorde eine Fußballmannschaft gebildet mit Stürmer, Mittelspieler, Torwart und allem, was dazu gehört.

Am Nachmittag dieses heißen Tages war die Straße besonders leer. Sie konnten gleich ein bißchen probieren, auf dem Asphaltweg Fußball zu spielen. Paul ließ sogar Straßenhandel Straßenhandel sein und machte mit. Er brachte ohnehin heute fünfzig Pfennige nach Hause.

Sie verteilten sich und begannen zu spielen. Der Ball wurde von einem zum andern geworfen. Alle sahen ihm voll Freude nach. Da bog ein Auto um die Ecke. Im gleichen Augenblick schoß einer den Ball so heftig, daß er auf den Fahrdamm rollte. Das Auto konnte zwar im letzten Augenblick ausweichen, um den Jungen nicht zu überfahren, der dem Ball nachstürzte. Aber zur gleichen Zeit kam auch der wachhabende Schutzmann um die Straßenecke. Der hatte alles mit angesehen. Er setzte sich in Trab, packte zwei Jungen hinten am Kragen und schrie:

„Ich werde euch aufschreiben. Seid ihr verrückt geworden? Spielt hier mitten im Verkehr Fußball! Wollt wohl zu Mus gefahren werden? Die Straße ist doch kein Spielplatz. Geht in den Hof, wo ihr zu Hause seid!"

Der Mann hatte natürlich ganz recht. Es war traurig, daß ihr Spiel so schnell unterbrochen wurde, aber man konnte auf den Hof gehen und es dort versuchen.

Sie nahmen sich vor, recht leise zu sein, damit die im Vorderhaus sich nicht gleich wieder aufregten und Frau Manasse spektakelte. Eigentlich war's auch im Hof viel schöner und geschlossener. Sie fingen leise zu spielen an. Gaben ruhig und besonnen die Anweisungen. Aber natürlich verlangt das Spiel Aufmunterung und Schnelligkeit.

Der Ball fliegt und alle springen. Eine Lust ist das, den

Ball vorwärtszustoßen und aufs Tor zu dirigieren. Erwin ist so vergnügt, weil er nun endlich einen richtigen, eigenen Ball vor den Füßen hat und zustoßen darf. Oben öffnen sich die Fenster im Hinterhaus. Die Mütter schauen zu. Die Sache macht ihnen selber Vergnügen. Aber da fliegt der Ball ans Fenster der Portiersfrau. Es kracht und klirrt.

Alle verstummen vor Schreck. Sie sehen erwartungsvoll nach dem Fenster. Aus der Tür stürzt bereits der Portier. Der Ball hat ihn aus dem Schlaf getrommelt. Er war noch in Hemdsärmeln. Die Hosenträger hingen an seinem Rücken hinunter. Er hatte sich keine Zeit genommen, sie zu befestigen.

„Ihr seid wohl verrückt geworden! Der Hof ist doch kein Sportplatz. Welcher Satan hat euch Rotznasen denn den Ball zugesteckt? Seht ihr denn nicht, daß ihr die Scheiben einschlagt. Fahrt doch nach Treptow auf die Spielwiesen. Natürlich, natürlich, ich habe ja gleich gesagt“ – seine Stimme überschlug sich richtig – „meine Scheibe. Verhauen soll man euch.“

Er packt Erwin und zieht ihn am Ärmel.

„Kneifen Sie mir doch nicht. Lassen Sie mir los“, schreit Erwin. „Sie haben mir gar nicht so am Ärmel zu ziehen. Ich sag's meine Mutta. Au, au, aua.“

Der Portier schlug ihn rechts und links. Dann ging er zu Paulchen über, der dumm dabei stand und den Ball schützen wollte, der zwischen die Beine des wütenden Portiers gerollt war. Aus dem Hinterhaus kam Erwins Mutter gelaufen. Sie redete auf den Portier ein und schimpfte. „Sie haben unsere Kinder nicht zu schlagen. Kümmern Sie sich um Ihre eigenen Sachen.“

„Das ist gut, um meine Sachen!“ schreit der Portier nun wieder. „Bin ich hier Verwalter oder sind Sie das? Hier hab' ich zu bestimmen. Und ich lass' mir nicht von Ihre Kinder meine Scheiben zertrümmern. Das müssen Sie bezahlen. Wenn Sie's bezahlen wollen, dann gut.“

Der Mann hielt noch immer Paul fest und zog ihn hin und her. Erwin versuchte inzwischen, den Ball zwischen den Füßen des Verwalters fortzuziehen. Vielleicht rutschte er dabei aus, vielleicht stieß er auch vor Zorn gegen dessen Füße. Denn der Ball rollte so unglücklich weiter, daß der Verwalter seine Beine verwechselte und ins Stolpern kam. Er rutschte aus und glitt zu Boden.

Die Jungen benutzten das, um zu türmen. Erwin erwischte noch glücklich den Fußball und rannte hinterher.

Auf der Straße hielt die Mannschaft einen langen Kriegsrat. Sie waren etwas betreten. Das war also gar nicht so einfach mit dem Fußball.

„Das ist gut; auf der Straße können wir nicht spielen, im Hof dürfen wir nicht spielen. Wo sollen wir denn spielen?“

„Ich hab’s ja gleich gesagt“, erklärte der lange Heiner, „dazu braucht man einen Sportplatz und muß in einem Sportverein organisiert sein.“

Erwin schlug vor, auf den Spielplatz der Nachbarclique

zu gehen. Auf dem Bauplatz und um die Ecke, hinter dem Lagerschuppen. Natürlich, daran hatten sie noch gar nicht gedacht. Sie schoben los und stürmten im Laufschritt um die Häuserblocks. Aber hier blieben sie enttäuscht stehen. Um den Bauplatz war inzwischen ein Zaun gebaut worden. Ein richtiger Baubretterzaun, und daran stand:

DAS BETRETEN DES BAUGELÄNDES
IST VERBOTEN DER BAUHERR

Hinter dem Zaun schaufelten Arbeiter bereits mit Hilfe eines Kranes den Baugrund aus. „Neubau des Großcafés und der Konditorei Wien“, stand an den Brettern.

Eine Weile wußten die Jungen wirklich nicht, was sie sagen sollten. Besonders Erwin las den Anschlag dreimal und schüttelte den Kopf. „Es muß ja noch andere Baugrundstücke geben“, sagte er entschlossen. So schnell ließ er sich nicht entmutigen.

Die anderen Jungen hatten schon weniger Hoffnung.

„Ach wat, überall sind Lagerschuppen und für Kinder verboten. In dem dämlichen Stadtteil gibt's auch gar nichts.“ Sie schlenderten um die Häuserblocks. Es war wie verhext. Kein Spielplatz fand sich. Endlich sahen sie an einer Straßenecke einen unbebauten Lagerplatz. Zwischen den Brettern und Eisenteilen schien noch genügend Raum zum Spiel. Die Fußballmannschaft verteilte sich und begann ein neues Spiel. Aber kaum hatten sie hier die ersten Bälle geschossen, stürzte aus einer Höhle zwischen den Hölzern eine unbekannte Jungenhorde. Es war die Clique aus dem dortigen Häuserviertel. Sie warfen sich voll Mißtrauen und Verbitterung über die fremden Jungen und verteidigten ihr Eigentum.

„Ihr habt hier nischt zu suchen. Fort mit euch!“ brüllten sie und freuten sich, einen Grund zum Raufen zu haben. Erwin bat um Frieden und versuchte mit der fremden Clique zu verhandeln. Aber mit Hallo und Hohngelächter und der einmal entzügelten Rauflust der andern wurden alle in die Flucht geschlagen.

Geschlagen, enttäuscht und gedemütigt kehrten die Jungen heim. „Und nicht einmal ein einziges Spiel haben wir machen können“, jammerte Paulchen, als er wieder den weiten Weg ins Asyl antreten mußte. „Wat nützt uns jetzt der Fußball.“

„Sei man still, Paule, wird sich schon finden. Morgen ist ja auch noch ein Tag“, tröstete Erwin.

In der Nacht besann er sich, daß er einmal am Sonntag mit seinem Vater in einem Stadtpark gewesen war. Der mußte ganz in der Nähe sein. Da waren sie auf richtigen Kieswegen spazierengegangen. Rechts und links von dem Kieswege hatte es Wiesen gegeben. Auch ein kleiner Teich und ein Springbrunnen waren dort. Sogar Bänke an den Seiten zum Sitzen. Dort würde sicher auch für sie ein Spielplatz zu finden sein. Morgen wollte er die Clique in den Park führen. Es dauerte zwar noch einige Tage, bis sie alle zusammen wieder Zeit hatten. Einmal mußte Erwin Rosa spazierenführen, dann hatte er Zeitungen auszutragen oder Schularbeiten zu machen. Der lange Heiner wollte überhaupt nicht mehr mit.

„Wozu“, sagte er, „is ja doch wieder nischt. Nischt für uns. Nur für brave Spaziergänger.“

Sie glaubten ihm nicht, gingen aber trotzdem.

Der Park lag reichlich weit. Man mußte viele Straßen zu Ende laufen und überkreuzen. Erwin ging mit dem Fußball unterm Arm allen voraus. Sie machten Laufschritt und sprachen kaum miteinander. Endlich sahen sie Bäume. Fein! Richtige grüne Bäume. Die Straßen waren auch breiter und schon leuchteten die Kieswege, genau wie es Erwin in Erinnerung hatte. Er sah Bänke und einen kleinen Teich. Sie rannten mit lautem Hallo in das Paradies hinein. Die Bänke waren besetzt von Männern, Frauen und Kindermädchen mit Kinderwagen. In der Mitte lag die glatte grüne Rasenfläche. Erwin wollte mit einem großen Satz, seinen Fußball unterm Arm, zustürmen, da zog ihn Paul zurück. „Du, lies doch mal."

Ein Schild steckte wie ein Baum im Rasen.

DAS BETRETEN DER RASENFLÄCHE
IST BEI STRAFE VERBOTEN

So eine Gemeinheit.

Sie gingen weiter und suchten einen anderen Platz. Aber an jeder Ecke war irgendein Anschlag.

DIE ANLAGEN SIND DEM SCHUTZE
DES PUBLIKUMS EMPFOHLEN
KINDERN IST DAS SPIELEN UNTERSAGT

Fein sah alles aus! Das mußte man sagen. An allen Ecken blühten Blumen. Runde und eckige Blumenteppiche lagen im Rasen. Aber was nützte ihnen das? Sie hätten gern darauf verzichtet.

„Wird schon irgendein Platz kommen, wo wir spielen können", tröstete Paul und sah besorgt zu Erwin, dessen Gesicht sich immer mehr zusammenzog.

Schließlich gelangten sie in einen runden Steintempel. An der Seite strömte eine Fontäne in eine breite Schale. Hier war glatter Boden. Hier konnte nichts zerstört werden. Nichts zertreten. Nichts zerbrochen. Hier hätte man zur Not ein bißchen Ball spielen können. Wenn es auch kein richtiges, fachgemäßes Fußballspiel wurde. Aber da stand schon wieder etwas. Irgend etwas vom Wasserreinhalten und:

KINDERN IST DAS SPIELEN AM BRUNNEN
UNTERSAGT

Also immer noch weiter.

Zwischen einer Baumgruppe erklang lautes Kindergelächter. Endlich waren sie richtig. Dort war ein kleiner, runder, abgegrenzter Sandplatz. Ein Kinderspielplatz! Hurra, ein Kinderspielplatz! Das war ihr Reich.

Der Platz war überfüllt mit kleinen Kindern. Sie spielten in ausgebreiteten Sandhaufen Kuchenbacken. Sie drehten Kreisel und ließen Räder laufen. Für sie war kaum Platz mehr. Zwischen den spielenden Kindern krochen noch kleine Krabbelkinder auf der Erde, und an den Seiten saßen die Kinderhüterinnen auf den Bänken und unterhielten sich lebhaft.

„Is ja jetzt alles egal“, sagte Paulchen. „Nun spielen wir mal los.“

Sie zogen mit dem Absatz einen Strich als Tor und begannen. Es war aber nichts mit Spielen. Es war ganz unmöglich. Es gab ein furchtbares Geschrei unter den kleinen Kindern, sobald der erste Ball flog, weil die Jungen dabei auf die Sandkuchen treten mußten, um den Ball nicht durchs Tor zu lassen. Dadurch wurden zwei kleine Kinder umgerissen. Sie liefen brüllend zu ihren Hüterinnen und beschwerten sich. Jetzt mischten sich die Erwachsenen ein. „Nee, nee, das geht nich, Fußball könnt ihr hier nich spielen“, sagte eine Frauenstimme. „Da müßt ihr euch schon einen andern Platz suchen. Der ist hier für die kleinen Kinder.“

„Wat denn, wat denn!“ schrie Willi. „Wo sollen wir denn hin? Wir haben doch das gleiche Recht. Wir sind doch auch Kinder.“

Erwin winkte ihnen, still zu sein. Er sah ein, hier ging kein Spiel. Das Tor, das sie sich als Markung in den Sand gezeichnet hatten, war bereits von einem Vierjährigen als Flußbett für Schiffe benützt worden.

Sie mußten wieder weiter.

Die Mannschaft fing an zu knurren und erklärte: „Wir gehen heim. Det mit dem Fußball wird ja doch nischt.“

„Is wirklich, wie Heiner sagt. Wir müssen in einen Sportverein oder nach Treptow auf die Spielwiesen fahren.“

Aber jetzt wurde Erwin wütend.

„Wie denkste dir denn das? Auf die Spielwiesen? Det kostet doch Geld. Det kann man einmal im Monat. Is ja viel zu weit von uns. Alles kostet Geld. Ich will spielen, wenn ich gerade Zeit oder Lust habe."

„Mensch, brüll doch nicht so!" Paul war ganz erschrokken. „Wir finden schon einen Platz. Der Park ist ja noch groß."

Paul nahm Erwin bei der Hand und zog ihn mit sich fort. Am Ausgang des Parkes war ein Grasplatz ohne Einzäunung, ohne Verbot. Dicht neben dem Platz lief eine große Verkehrsstraße, und man sah durch die Bäume die Läden mit ihren Auslagen leuchten.

„Guck mal, det is sicher unser Platz."

Wirklich, der Platz war wie für sie geschaffen. Also dann los.

Sie teilten die Mannschaft ein. Erwin und Paul machten natürlich Partei und Heiner und Willi waren Gegner. Die andern Jungen der Horde verteilten sich auf die beiden Spielerparteien. Erwin machte den Mittelstürmer. Der Schiedsrichter pfiff und Erwin gab den Ball seinem Nebenmann ab. Paul versuchte mit dem Ball vorzugehen, aber Heiner – das war ein gewiegter Spieler – stürzte vor, fummelte[7] ihn ab und schoß aufs Tor. Erwin kam in Trab. Zum Glück hielt der Torwächter den Ball. Er schoß ihn jetzt nach vorn und schrie: „Paul, los!" Aber Paul vergaß vor lauter Eifer, was recht und erlaubt ist. Er berührte den Ball aus Versehen mit der Hand. Der Schiedsrichter pfiff. Blödsinn. Paul senkte schuldbewußt seinen Kopf. Ein Freistoß für die Gegenpartei folgte. Ihr Mittelstürmer gab den Ball an Heiner ab und jetzt ging Heiner vor. Aber Erwin war schon bereit. Das war eine Lust. Er bog die Knie, balancierte mit den Armen in der Luft, um das

---

[7] im Fußballspiel: dem Gegner den Ball wegnehmen

Gleichgewicht nicht zu verlieren und köpfte den Ball ab. Er stürmte vor. Aber schon stürmten die beiden Verteidiger auch vor, um Erwin den Ball abzunehmen. Erwin war schneller als die Verteidiger, er gab den Ball Paulchen, und Paulchen schoß ein glänzendes Tor. Es half nichts, daß Willi wutentbrannt den Ball stoppen wollte. Der Schiedsrichter pfiff, dreimal.

„Tor!" brüllten sie alle und warfen die Arme hoch vor Vergnügen: „Tor! Eins zu null." „Weiter!" schrie Heiner. „Weiter! Jetzt folgt die Rache!"

Erwin wollte den Ball aufs neue nehmen, da sah er einen Schutzmann mit großen Schritten auf sie zukommen. Galt das etwa ihnen? Schon hob der Grüne warnend die Finger in die Höhe und drohte.

Erwin vergaß den Ball weiterzugeben. Er blieb fragend stehen. Wenn der uns jetzt wieder fortschickt, dachte er, wenn es auch hier verboten ist, dann, dann . . . Er wußte nicht gleich, was es mit dem „Dann" auf sich haben würde. Er hatte nur so im Gefühl – dann würde etwas Schreckliches geschehen. Jetzt war der Schutzmann bei ihnen angelangt.

„Gib den Ball her!" sagte er. „Augenblicklich gib den Ball her. Oder könnt ihr nicht lesen? Wißt ihr nicht, wo euer Spielplatz ist? Das hier ist ein Zierpark."

„Ach wat, Zierpark", rief Erwin. „Wir wollen doch auch mal ein bißchen spielen."

„Ja, und dazu habt ihr hier einen extra eingezäunten Spielplatz."

„Wat denn, nennen Sie die überfüllte Kinderbewahranstalt mit ihren Sandhaufen einen Spielplatz?"

Erwin wunderte sich selber, woher er den Mut nahm, so zu antworten. Ein Schutzmann war ja immerhin ein Schutzmann. Dieser hatte ihn noch dazu angeredet und streckte drohend die Hand aus. „Du willst wohl noch frech werden, sei froh, wenn ich dich nicht aufschreibe und du keine Strafe zahlen mußt. Gib den Ball her!"

„Das ist mein Ball."

„Gib den Ball her!"

„Is aber doch mein Ball. Geht Sie ja gar nichts an", sagte Erwin nochmals. Er nahm sogar den Ball und versteckte ihn hinter seinem Rücken.

Das machte den Schutzmann aber erst recht böse. „Gib augenblicklich den Ball her!" rief er. „Oder hast du ihn am Ende geklaut?"

Die anderen Jungen waren beiseite getreten. Sie sahen erwartungsvoll zu.

In Erwin ging etwas vor. Er dachte: Entweder heule ich gleich los oder ich schlage zu. Was anderes fiel ihm in dem Augenblick nicht ein. Der Schutzmann stand so riesengroß und drohend vor ihm.

„Hast du nicht verstanden?" fragte er noch einmal.

„Nirgends lassen sie einen aber auch spielen", brummte Paul, um seinem Freund Erwin zu Hilfe zu kommen. „Wo sollen wir denn spielen?"

„Gibt schon genug Spielplätze für euch Lausefratzen." Der Schutzmann lachte, als er Erwin, die Hände in die Hüfte gestemmt, stehen sah.

„So? Wo denn? Wo denn? Zeigen Sie uns die mal", schrie Erwin mit lauter Stimme, und er stampfte mit dem Fuße auf, aber nur, weil ihm das Heulen immer näher kam.

„Dich habe ich überhaupt nicht gefragt. Sondern du sollst den Ball hergeben."

Der Schutzmann versuchte jetzt Erwin zu fassen. „Wenn du nicht gleich den Ball hergibst, kommste auf die Wache und mußt Strafe bezahlen."

Da packte Erwin eine ungeheure Wut. Jetzt war ihm schon alles gleichgültig. Er hob den Arm und schlug mit seinem Fußball vor Kummer, Hoffnungslosigkeit und Wut auf den Schutzmann vor sich ein.

„Lausejunge!" schrie der Schutzmann. „Das soll dir schlecht bekommen!" Er packte Erwin am Kragen und beutelte ihn hin und her. Mit der anderen Hand versuchte er den Ball zu fassen.

Jetzt wollte Erwin den Ball in Sicherheit bringen und deshalb warf er ihn in großem Bogen über die Straße bis zu dem Bürgersteig an die Ladenschaufenster. Der Ball flog in die äußeren Auslagen eines Grünzeugladens, und zwar mitten in eine Eierkiste. Erschreckt und schreiend sprangen die Käufer auseinander. Die Ladenbesitzerin kreischte: „Meine Eier, meine Eier!"

Als Erwin den Ball fortgeworfen hatte, war er wie erstarrt. Er vergaß sich zu befreien und fortzurennen. Er sah den Schutzmann ratlos an. Vielleicht wäre es doch besser gewesen, er hätte losgeheult, anstatt zu hauen. Aber dann schob er den Gedanken mutig beiseite. Heulen war nichts, es war besser zu hauen und sich zu wehren. Im übrigen wollte er ja nur sein gutes Recht: einen kleinen Raum zum Spielen. Dem Polizisten gegenüber hatte er nur seinen Fußball verteidigt. Er ließ sich darum wortlos von ihm an der Hand nehmen und fortführen.

„Ihr andern könnt gehen", sagte der Beamte und winkte der Mannschaft. Die trottete flüsternd und erschrocken ab und war froh, wegzukommen. Nur Paul trippelte hinter Erwin her. Erwin ist mein Freund und hat mir geholfen, jetzt muß ich ihm helfen, dachte er. Is ja unser Fußball.

„Wat willst du denn, dich brauch' ich nicht", wies ihn der Beamte zurück.

„Vielleicht kann ich aber Zeuge sein", flüsterte Paulchen.

„Hole den Fußball und nimm ihn mit. Der kommt auch mit auf die Wache." Als sie zur Händlerin kamen, überhäufte sie Erwin mit einer Flut von Schimpfworten und Drohungen. Dann erzählte sie dem Wachtmeister mit lauter, klagender Stimme die ganze Geschichte, die er selber miterlebt hatte, und führte ihn zu der Eierkiste. Sie war ein einziger gelber Brei. „Das muß man mir ersetzen, ich verlang' Ersatz", schrie sie immer aufs neue.

Erwin war das alles gleichgültig. Er schielte nur nach seinem Fußball. Der lag neben der Eierkiste in der Gosse und hatte von dem Eierzeug schwarze Flecken bekommen.

Paulchen versuchte verstohlen daran zu putzen und zu wischen.

„Laß gut sein, Paulchen, den kann ich ja doch nicht mehr brauchen. Der paßt nicht zu uns und unsere Gegend."

Paul sah ihn ganz erschrocken an.

„Herr Wachtmeister, kommt Erwin jetzt ins Gefängnis?"

„Wahrscheinlich", sagte der Wachtmeister.

„Aber er hat doch keinen totgeschlagen?"

„Beamtenbeleidigung und Widerstand gegen die Staatsgewalt, das ist genauso schlimm, vielleicht noch schlimmer. Wir werden ja sehen, was der Herr Polizeioberwachtmeister sagt."

„Faßt euch jetzt an und geht vor mir her. Aber wehe, wenn ihr mir ausreißt."

Der Schutzmann drohte mit seinem Seitengewehr. Vielleicht war's auch ein Revolver. Das konnte man nicht wissen.

„Wenn wir ausreißen, schießt er uns nieder", flüsterte Paul Erwin zu und faßte ihn folgsam an der Hand.

So zogen sie zur Wache.

Der große Entschluß

Der Polizeioberwachtmeister saß hinter einem langen Tisch, und der Tisch stand noch hinter einer dicken Bretterschranke. Paul dachte: Das ist so eingerichtet, damit man den Mann nicht anfassen kann oder ihm nicht zu nahe kommt. Der Mann hatte eine Brille auf, und er schob sie noch auf die Nasenspitze, um sich Erwin genauer zu betrachten. Der Schutzmann, der sie gebracht hatte, war gleich zu ihm gegangen und flüsterte leise mit ihm. Wahrscheinlich erzählte er ihm die ganze Geschichte. Denn er zeigte immer auf Erwin. Erwin wußte gar nicht, wo er hinsehen sollte. Er kam sich mit einemmal wie ein richtiger Verbrecher vor. Der Oberwachtmeister stand auf und schrie Erwin an.

„Du bist ja ein ganz und gar mißratener Junge. Einen Erwachsenen zu schlagen, und noch dazu einen Schutzmann, das soll dir schlecht bekommen. Wir werden dich in ein Erziehungsheim stecken, in ein Haus für mißratene Kinder!“

Weil der Oberwachtmeister so schrie, liefen noch einige andere Schutzmänner herbei, und alle standen hinter der Barriere und sahen Erwin an. Er kam sich vor wie ein wildes Tier.

Er heulte aber auch jetzt nicht. Als sie ihn ausfragten, fing er an zu erzählen. Er erzählte die ganze Geschichte mit dem Fußball. Wie das alles gekommen war. Wie lange es gedauert hatte, bis sie endlich so viel Geld besaßen, um den Fußball zu kaufen. Paulchen nickte zu jedem Satz und sagte: „Ja-ja, so war es.“

„Und nun hatten wir endlich den Fußball und konnten nirgends spielen. Denn wo wir hätten spielen können, durften wir nicht. Das war doch zum Wütendwerden.“

Der Polizeiwachtmeister zuckte nur die Achseln und drehte sich um. „Das macht die große Stadt und die vielen Menschen. Dafür kann ich nichts. Das ist nun einmal so eingerichtet“, sagte er.

Und der Beamte, der neben ihm stand, sagte: „Ja, das ist eure Sache, wie ihr damit fertig werdet und wie ihr das macht.“

Sie schrieben sich die Namen und die Adresse der

Jungen auf und wollten die Sache an die zuständige Stelle weitergeben. Dort sollte die Händlerin ihren Schaden einklagen. Den Fußball behielten sie vorerst als Pfand auf der Wache.

Paul und Erwin durften nach Hause gehen.

„Diesmal kommst du noch nicht ins Gefängnis", sagte der Schupo[8], der ihn gebracht hatte. „Aber wenn du dich nicht änderst und wenn das noch einmal vorkommt, wirst du eingesteckt. Ordnung und Recht müssen sein." Das verstand Erwin wieder nicht. Daß man ihn einstecken wollte, war ihm gleichgültig. Er war froh, daß er jetzt gehen konnte. Auf der Straße fragte er Paulchen:

„Hast du das verstanden, Paule, det mit der Ordnung und dem Recht? Warum ist denn das nich richtig und nich in Ordnung, daß wir gern mal spielen wollen? Da find' ich mich nicht rein."

„Weiß ich nicht", antwortete Paul. „Er hat ja aber gesagt, das is unsre Sache, wie wir damit fertig werden und wie wir det machen. Und das sagt mein Vater auch immer."

An der gegenüberliegenden Ecke stand die Clique. Sie waren von ferne gefolgt und hatten neugierig gewartet. Nun nahmen sie Paul und Erwin in die Mitte und zogen heim.

Der lange Heiner triumphierte. „Hab' ich euch gleich gesagt. Fußball spielen ohne richtigen Fußballplatz is nich so einfach."

Er benutzte die Gelegenheit, die Clique für seinen Sportverein zu überzeugen. Das wäre das rechte.

Paul aber hielt eine Rede für die Revolution, wie er es von seinem Vater gehört hatte. Dann würden statt Cafés und Zierparks überall Sport- und Spielplätze für die Kinder der Arbeiter gebaut werden. Dann, ja dann.

---

[8] Polizist (Abkürzung für *Schutzpo*lizist)

Der schwarze Willi unterbrach ihn. „Pust dir doch nich so auf, Mensch. In der Großstadt, und noch dazu im Hinterhof, kannst du nichts anderes machen als Messerstechen, mit den Murmeln spielen, ein bißchen über den Kehrichteimern rummeln oder zwischen den Obst- und Gemüsewagen bei der Markthalle Klamauk[9] machen. Uns werden sie überall wegjagen."

Erwin aber dachte: Das ist alles Quatsch. Das muß doch zu ändern sein!

Sie kamen in ihren Hinterhof zurück und setzten sich vor die Haustüre neben die Bordschwelle. Sie waren alle mutlos und mißmutig. Frau Manasses Katze kam auf sie zuspaziert. Willi und Heiner zogen kleine Steine aus der Tasche und zielten nach ihr. Aber Erwin schlug sie ihnen aus der Hand. „Laßt det", sagte er. „Denkt lieber nach, wie man det ändern kann."

„Was willst du denn ändern?" fragte Heiner und lachte.

„Wir müssen uns beschweren."

„Beschweren?" fragte Paul und sah Erwin erstaunt an. Er verstand nicht, wo Erwin sich beschweren wollte.

„Jawohl", sagte Erwin noch einmal, „das müßte man."

Der schwarze Willi lachte. Er tippte sich an die Stirn. Erwin ist ein bißchen verrückt geworden, dachte er.

„Und überhaupt", fragte Paulchen neugierig, „weswegen willste dir denn beschweren?"

Aber jetzt schrie Erwin geradezu. „Wetwegen? Na, det nirgends für uns wat da ist. Det wir keinen Platz zum Spielen haben. Irgend so eine kleine Stelle, wo sie einem nicht wegjagen können, wo kein Schupo und kein Auto und rein gar nichts da ist, wo man mal ein bißchen Ball spielen kann."

„Gibt ja Fußballplätze, und ich hab's ja schon gesagt."

Aber Erwin unterbrach Heiner. „Hör doch auf mit

[9] Lärm, Unsinn

deinem Verein. Warum vernageln sie die leeren Bauplätze, warum bauen sie überall Kinos und so Zeug drauf. Warum verbieten sie uns die grünen Grasplätze?“

„Weil det dann schöner aussieht“, murmelte Willi.

„Schöner?“ Erwin zuckte die Achseln. Dann schwieg er mißmutig. Die anderen sagten auch nichts. Teils ärgerten sie sich, teils dachten sie nach.

Paulchen war der erste, der wieder davon anfing. „Es ist schon richtig“, sagte er, „was der Erwin will. Wir müßten eine Eingabe machen, so einen richtigen Protest. Mein Vater sagt auch immer: Nichts gefallen lassen! Vielleicht im Reichstag“, setzte er hinzu.

Erwin sprang auf. „Nichts mit Reichstag“, sagte er. „Ich weiß schon. Wir schreiben einen Brief an den Bürgermeister.“

„Na und?“ fragte Heiner neugierig.

„Und dem sagen wir alles. Über den steht ja immer in der Zeitung, daß er für das Wohl der Stadt sorgen muß. Vielleicht kann der det ändern.“

Die Clique betrachtete Erwin und staunte. Aber dann dachten sie alle: Warum sollten sie nicht einen Brief an den Bürgermeister schreiben? Das wäre sogar eine großartige Sache. Sie konnten es auf alle Fälle versuchen.

„Aber hast du auch einen Briefbogen?“ Paul war etwas ängstlich. Er wußte nicht recht, woher Erwin so viel Mut nahm.

„Brauch' ich ja gar nicht“, sagte Erwin. „Ich nehme eine Seite aus meinem Schreibheft.“

Er wartete nicht einmal bis zum nächsten Tag. Nein, er wollte es gleich tun. Denn jetzt hatte er gerade Mut und Lust dazu. Der Brief war aber nicht leicht. Sie wußten erst gar nicht, wie sie den Mann anreden sollten. Schließlich schrieben sie:

An den geehrten Herrn Oberbürgermeister von hier!

Die Schubo hat uns unsern Fußball wejjenommen! Weil ich die Eier von eine Marktfrau zerschlagen habe und auf einem verbotenen Weg Fußball gespielt habe. Aber ich habe det nur jemacht, weil ich so wütend war, von wejen de villen Verbote und nirgends spielen konnte und nirjends spielen durfte. Im Hof bei uns is det verboten, wejen des Jeräusch, wat die jrosen Leute und der Wirt nicht vertragen können. Auf die Straße sind die villen Autos und Bahnen, da ist det jefährlich. Det komt von de jroßen Stadt und die dichtbevölkerte Gegend, hat der Schubo gesagt, und is nich zu ändern. Wir können aber doch nich raus aus der großen Stadt. Wo sollen wir denn hin? Det kost och zu ville Jeld. Warum verbieten sie denn da den Rasen in den Parks? Willi sagt, det is von wejen die Schönheit. Wees ick ja nich, wozu die so nötig is. Auf die Bauplätze is das och verboten. Überhaupt überall. Aber wir möchten doch auch gern mal einen Platz für uns haben zum Spielen und Unsinnmachen. Wo det doch immer heißt: Sport und Spiel is jesund und jebt eure Kinder Licht, Luft und Raum zum Sport. So stand det bei Warenhaus in de Sportausstellung. Also vielleicht überlegen Sie mal, wie Sie det ändern können. Weil Sie doch für det Wohl der Stadt da sind, so steht det immer in der Zeitung. Und unsern Fußball möchten wir auch wieder haben. Der Paul und ich haben sehr schwer arbeiten müssen und lange jespart, bis wir die zehn Mark zusammen hatten.

Hochachtungsvoll grüßt Ihnen *Erwin Brackmann*
Und Paulchen schrieb darunter: *Paul Richter*

Dann gaben sie noch ihre Adresse an. Sie brauchten zu dem Brief den ganzen Abend. Er war schrecklich lang geworden. Sie hatten auch großes Bedenken, ob viele Fehler drin waren. Sie waren viel zu aufgeregt, um nachzudenken. Aber sie wollten ihn keinem zeigen. Sonst hätten sie ihn vielleicht nicht absenden dürfen.

Die ganze Clique brachte ihn gemeinsam zum Briefkasten. Heiner stiftete die Marke. Jeder einzelne sah noch einmal durch den Schlitz, ob er auch wirklich heruntergefallen war.

Dann warteten sie auf Antwort. Wenn Erwin den Briefträger sah, erschrak er vor Freude.

Endlich, eines Tages kam ein Brief mit einem Amtssiegel. Es war aber nur ein Brief von der Polizei. Erwin sollte noch einmal auf die Wache kommen. Er ging auch sofort hin. Vielleicht hatte der Bürgermeister den Schupo bestraft, weil er sie nicht hatte spielen lassen. Der Schutzmann gab ihm aber nur den Ball zurück. Es hing ein Zettel daran. Darauf stand: „Erledigt. Von Klage wurde Abstand genommen." Sie freuten sich sehr. Und dann warteten sie weiter. Einmal, da las Erwins Vater aus der Zeitung eine Notiz vor. Da stand, der Oberbürgermeister und die Stadtverwaltung hätten beschlossen, in einigen Stadtteilen Nebenstraßen für den Verkehr zu sperren. Diese Straßen sollten jetzt Spielstraßen für die Jugend werden. Die Schutzpolizei sei angewiesen worden, dafür geeignete Straßen ausfindig zu machen.

Erwin stand fast der Atem still, als er das hörte. Er schnitt sich die Notiz heraus und rief Paul, Heiner und Willi herbei. „Seht ihr, das kommt von unserm Brief. Es war doch gut, daß wir geschrieben haben." Willi und Heiner behaupteten zwar, das sei Zufall. Der Brief wäre sicher nicht angekommen. Und überhaupt, was das ihnen schon nützen würde. „Fußballspielen kann man zwischen die Häuser doch nich."

Auch Paul konnte sich nicht recht freuen. „Wenn sie das nur auch wahrmachen? Mein Vater sagt immer, Versprechen ist leicht, aber Halten, det steht auf ne andere Seite.“

Erwin war nicht der Meinung. „Sie werden’s schon tun. Bestimmt werden sie es tun. Warte nur erst einmal ab.“

Und jetzt warten sie weiter. Wer von ihnen wird recht behalten?

Materialien

I. Informationen zu Leben und Werk Lisa Tetzners

Die Auszüge auf den folgenden Seiten stammen aus verschiedenen Büchern und erhellen sich gegenseitig. Man liest sie am besten im Zusammenhang. So kannst Du z. B. aus dem Lexikonartikel entnehmen, wann die einzelnen Bände der „Kinder-Odyssee", die im Vorwort an die Leser aufgezählt werden, entstanden sind. Dabei wirst Du die Entdekkung machen, daß die Autorin die Bände nicht unmittelbar nacheinander geschrieben hat: versuch es einmal, alle Entstehungsdaten zusammenzustellen!

In den Erinnerungen an Kurt Held, ihren Mann, schreibt Lisa Tetzner auch stellenweise über sich selbst. Lexikonartikel und Memoiren ergänzen sich wieder und erleichtern so das genaue Verständnis beider Texte.

Die Fotos stammen aus der Verlobungszeit, etwa zehn Jahre vor der Entstehung der zunächst gesondert erschienenen Erzählung „Der Fußball".

Wenn Du mehr über Kurt Held und seine Jugendbücher wissen möchtest, dann schlag zunächst im angegebenen „Lexikon der Kinder- und Jugendliteratur" nach!

1. Auszug aus dem Vorwort

Gleich zu Beginn will ich euch genau sagen, wie die einzelnen Bände und Geschichten heißen, damit ihr Bescheid wißt und euch vielleicht schon ein wenig darauf freut. Im übrigen ist es ganz gleich, welchen Band ihr zuerst lest und welchen später; ihr werdet die Geschichten sogar verstehen, wenn ihr nicht *alle* Bände lesen könnt.

1. Band	ERWIN UND PAUL Die Geschichte einer Freundschaft I. Das gestohlene Brot; II. Der Fußball
2. Band	DAS MÄDCHEN AUS DEM VORDERHAUS I. Der Streit um Piddel; II. Der Maskenball
3. Band	ERWIN KOMMT NACH SCHWEDEN I. Die Flucht; II. Die lange Nacht
4. Band	DAS SCHIFF OHNE HAFEN Die Geschichte von Mirjams großer Reise
5. Band	DIE KINDER AUF DER INSEL Die Geschichte der Schiffbrüchigen
6. Band	MIRJAM IN AMERIKA Mirjams Tagebuch, von ihr selbst erzählt
7. Band	WAR PAUL SCHULDIG? I. Versperrte Straßen und verbotene Wege; II. War Paul schuldig?
8. Band	ALS ICH WIEDERKAM Erwins Tagebuch
9. Band	DER NEUE BUND I. Die Gerechten. II. Der neue Bund

L. Tetzner, Die Kinder aus Nr. 67, Bd. 1 + 2. Sonderausgabe zum Film. Aarau/Frankfurt a. M./Salzburg 1980: Verlag Sauerländer.

2. Lexikonartikel:[1]

Tetzner, Lisa

*(d. i.[2] Lisa Tetzner-Kläber). Märchenerzählerin, Kinderfunkleiterin, Dozentin für Sprechererziehung, Kinder und Jugendbuchautorin, Herausgeberin von Märchensammlungen und anderen Anthologien[3], Übersetzerin; *10. 11. 1894 Zittau, †2. 7. 1963 Carona (Schweiz).*

Die aus einer rechtskonservativen[4] Arztfamilie stammende T. war seit ihrem elften Lebensjahr durch Krankheit behindert. Gegen den Willen des Vaters besuchte sie die Soziale Frauenschule in Berlin. Anschließend belegte sie Kurse in Sprecherziehung und Stimmbildung. Im Mai 1918 begann sie [...] märchenerzählend durch die Dörfer Mittel- und Süddeutschlands zu wandern. Anfangs fast nur auf sich gestellt, wurde diese Tätigkeit bald von der Kultusbürokratie[5] finanziell unterstützt, so vor allem ihr Einsatz im Raum Rhein-Ruhr im Laufe des Jahres 1920.

Diese Wanderungen bildeten auch die Grundlage ihrer ersten Veröffentlichungen. Durch die Bekanntschaft mit KURT KLÄBER (Ps.[6] KURT HELD), den sie 1924 heiratete, wandte sie sich stärker sozialen Fragen zu und begann für Kinder und Jugendliche zu schreiben. 1927 wurde sie Leiterin der Kinderstunde des Berliner Rundfunks. – Obwohl persönlich nicht gefährdet – anscheinend versuchte man, sie in Deutschland zu halten – folgte sie 1933 KLÄBER ins Exil[7] nach Carona (Schweiz), wo beide schon seit 1924 die Sommer verbracht hatten. [...] Es folgten schwere Exiljahre, die auch von materieller Not gekennzeichnet waren. Die Jahre nach 1945 waren angefüllt mit Arbeit an neuen Büchern, an Neuauflagen und Bearbeitungen alter Stoffe (Film, Hörspiel, Theater) und mit häufigen Vortragsreisen durch ganz Europa. Sie

---

[1] Der Lexikonartikel ist stellenweise gekürzt worden, damit er leichter lesbar ist. Wo etwas weggelassen worden ist, findest Du immer dieses Zeichen: [...].

[2] Abkürzung von: das ist

[3] Textsammlung, Textauswahl

[4] politische Richtung, die am Überlieferten festhält und fortschrittshemmend wirkt

[5] Kulturbehörde, staatliche Verwaltung kultureller Angelegenheiten

[6] Abkürzung für: Pseudonym (= selbstgewählter Deckname, Künstlername)

[7] Verbannung, Zufluchtsort nach der erzwungenen Auswanderung

übersetzte aus dem Englischen und Italienischen und plante eine Neufassung antiker Sagen. Daneben begann sie – ähnlich wie KLÄBER – autobiographisch[8] gefärbte Romane für Erwachsene zu schreiben, in deren Mittelpunkt das Erlebnis der Jugendbewegung stand. Auch nach ihrer Verheiratung veröffentlichte T. ihre Werke unter ihrem Mädchennamen.

Werk, Tendenzen, Wirkung. T.s Werk, ihre Vortragstätigkeit eingeschlossen, war von Anfang an durchzogen vom tiefen Bedürfnis zu helfen, aufzuklären, zu ändern. Sicherlich spielte dabei die Erfahrung, der eigenen Krankheit eine wichtige Rolle. Dazu kam der Einfluß der Zeitströmungen: Jugendbewegung[9], Expressionismus[10], ein – wenn auch diffuser – sozialer Gedanke, schließlich die Erfahrung des Krieges. Hier traf sie sich mit Schriftstellern wie [. . .] KURT KLÄBER.

Durch ihn gewann sie, die eingestandenermaßen kein politischer Mensch war, Einblicke in politische und wirtschaftliche Zusammenhänge. Die Lebensgemeinschaft mit ihm bewirkte auch eine immer enger werdende literarische Zusammenarbeit. Oft ist nicht mit letzter Sicherheit festzustellen, wer von beiden eigentlich der Autor der in enger Lebensgemeinschaft entstandenen Werke ist (z. B. „Die Schwarzen Brüder“, 1940–1941). Das Märchen war der Ausgangpunkt ihres Schaffens, zu dem sie immer wieder zurückkehrte. HERMANN HESSE (1877–1962), der Tessiner[11] Nachbar, nannte sie „die wohl beste Märchenerzählerin Deutschlands“ (Das Märchen und Lisa Tetzner, 1966, S. 46). THOMAS MANN (1875–1955) war beeindruckt von ihrer Vortragskunst ebenso wie von ihren Kinderbüchern. Ende der zwanziger Jahre entwickelte sich die „Märlibas“ zu einer Schriftstellerin für die Jugend. Mischten sich anfangs noch Elemente des Märchens mit der Schilderung der sozialen Wirklichkeit, z. B. in „Hans Urian“ (1929), so gab sie diese Versuche bald auf. Unter Verzicht auf phantastische Elemente ging sie politische und soziale Probleme direkter an als zum Beispiel ERICH KÄSTNER (1899–1974). Das gilt in erster Linie für ihr vorwiegend in der

[8] literarische Darstellung des eigenen Lebens
[9] Protestbewegung der zwanziger Jahre, die sich für die Rückkehr zu einem freien naturverbundenen Leben eingesetzt hat
[10] ausdrucksstarke Kunstrichtung in den ersten Jahrzehnten des 20. Jahrhunderts
[11] Schweizer Landschaft

Emigration[12] entstandenes Zentralwerk, die neunbändige Kinderodyssee, in der die zwölf Jahre Faschismus und Krieg an den Erlebnissen einer Gruppe von Kindern in all ihrer Brutalität geschildert werden. Die erschütternde Realistik war wohl mit der Grund dafür, daß dieses vielbändige Erzählwerk in der Bundesrepublik kaum Eingang fand.

Die Erzählerin T. gibt kaum Rezepte, der erhobene Zeigefinger fehlt. Die Moral liegt in der Handlung selbst. Sie beeindruckt durch ihre Erzählweise, durch ihren Realismus. [. . .]

Als Emigrantin[13] war T. ebenso wie KLÄBER teilweise heftigen Angriffen der sich im Zuge des Kalten Krieges formierenden politischen Reaktion[14] ausgesetzt, auch innerhalb der Schweiz, deren Bürger das Ehepaar KLÄBER 1948 geworden war. [. . .]

Vielleicht gerade deshalb gehört T. zu den wichtigsten Persönlichkeiten im Bereich des Kinder- und Jugendbuchs der Nachkriegszeit – und das weit über den deutschen Sprachraum hinaus.

Werke: Vom Märchenerzählen im Volk (1919); Auf Spielmannsfährten und Wandertagen (1923); Im Land der Industrie, zwischen Rhein und Ruhr (1923); Deutsches Rätselbuch (1924); Im blauen Wagen durch Deutschland (1926); Der Gang ins Leben (1926); Hans Urian (1929); Der Fußball (1932); Siebenschön (1933); Erwin und Paul. Die Kinder aus Nr. 67. Kinder-Odyssee Bd. 1 (1933); Was am See geschah (1935); Die Reise nach Ostende (1936); Die Schwarzen Brüder (1940–1941); Erwin kommt nach Schweden. Die Kinder aus Nr. 67. Kinder-Odyssee Bd. 3 (1941); Das Schiff ohne Hafen. Die Kinder aus Nr. 67. Kinder-Odyssee Bd. 4 (1943); Die Kinder auf der Insel. Die Kinder aus Nr. 67. Kinder-Odyssee Bd. 5 (1944); Mirjam in Amerika. Die Kinder aus Nr. 67. Kinder-Odyssee Bd. 6 (1945); War Paul schuldig? Die Kinder aus Nr. 67. Kinder-Odyssee Bd. 7 (1945); Als ich wiederkam. Die Kinder aus Nr. 67. Kinder-Odyssee Bd. 8 (1946); Das Mädchen aus dem Vorderhaus. Die Kinder aus Nr. 67. Kinder-Odyssee Bd. 2 (1948); Der neue Bund. Die Kinder aus Nr. 67. Kinder-Odyssee Bd. 9 (1949); Sagen Märchenbuch (1950); Der kleine Su aus Afrika (1952); Die schwarze Nuß (1952); Das Töpflein mit dem Hulle-Hulle-Bäuchlein (1953);

[12] hier: Auswanderung wegen politischer Verfolgung
[13] unfreiwillig Ausgewanderte, hier: aus politischen Gründen Vertriebene
[14] hier: Rückschrittspartei

Wenn ich schön wäre (1956); Das Füchslein und der zornige Löwe (1958); Das Mädchen in der Glaskutsche (1958).

Bearb.: J. und W. Grimm: Das Märchen vom dicken, fetten Pfannkuchen (1925); Guckheraus heißt mein Haus (1925); Die schönsten Märchen der Welt (Bd. 1–2. 1926–1927); J. und W. Grimm: Die sieben Raben (1928); H. Chr. Andersen: Der große und der kleine Klaus. Bühnenstück (1929); Vom Märchenbaum der Welt (1929); Hans Urian geht nach Brot. Bühnenstück (1929); C. S. Lewis: Das Abenteuer im Wandschrank (1957); Europäische Märchen (1958); R. di Majo: Picoletto (1958). [. . .]

Erich Eberts

Klaus Doderer (Hrsg.), Lexikon der Kinder- und Jugendliteratur. Dritter Band: P–Z. Weinheim und Basel 1979: Beltz-Verlag, S. 520–522.

3. Fotos von Lisa Tetzner und Kurt Kläber

1920

1920

Lisa Tetzner-Kläber, Das war Kurt Held. Vierzig Jahre Leben mit ihm. Aarau/Frankfurt a. M. 1961: Verlag Sauerländer, nach S. 24.

4. Auszug aus Lisa Tetzners Memoiren

Eines Tages läutete unser Telephon. Eine weinende Knabenstimme rief mich auf baseldeutsch an, und ich erfuhr, daß der Knabe mit drei Schulfreunden mich hatte besuchen wollen, weil ich seine liebste „Schriftstellerin" sei; aber sie hätten leider die Post nach Carona verpaßt, die Jugendherberge sei besetzt und sie müßten am Abend zurück. Ich beruhigte den schluchzenden Knaben und sagte ihm, er könne auch mit der „Funi" von Lugano aus auf den San Salvatore fahren, da hätten sie gleich eine Bergtour, und von dort sollten sie über Ciona zu mir nach Carona wandern. „Wird gemacht", erklärte die schluchzende Stimme, „das ist glatt. Wir machen Dauerlauf!"

Erstaunlich bald kamen die Knaben bei uns an. Der eine hatte einen Bleistift hinter dem Ohr, und an seinem Gürtel baumelten meine Bücher, die „Kinderodyssee", „Die schwarzen Brüder" und die damals schon unter dem Namen Kurt Held erschienene „Rote Zora". „Ja", sagte der Knabe, „Sie sind nämlich meine liebste Schriftstellerin, aber mein allerliebster Schriftsteller ist –" „Kurt Held", ergänzte ich spontan.

„Ja, woher wissen Sie denn das?"

„Nun, er steht hier, es ist auch mein Allerliebster, er ist nämlich mein Mann!"

Darauf erhob sich großes Staunen, und ich wurde zum zweiten Male, diesmal wild begeistert, mit „Grüezi, Frau Held" begrüßt.

„Halt", rief Kurt, „ich heiß' eigentlich Kurt Kläber."

Die Hände fuhren zum drittenmal gehorsam vor, aber jetzt kühl und sachlich, es entstand ein wenig Verwirrung. Die Frage „Warum" erhob sich. Ich erklärte ihnen die Tatsache vom Schreibverbot. Empörtes Gelächter war die Antwort. „Dem Kurt Held das Schreiben verbieten, das ist ja verrückt! So dumm können auch nur Behörden sein."

Der mit dem Bleistift hinter dem Ohr setzte sich in Positur und zückte den Stift. „Nun begreife ich immer noch nicht, warum Sie sich Tetzner nennen und doch Frau Kläber heißen“, examinierte er mich mit strenger Stimme.

„Ja, so hieß ich halt als Mädchen“, sagte ich gehorsam, „als ich den Mann noch nicht kannte, aber schon Märchen erzählte und schrieb und bekannt war. Da wollte ich den Namen nicht mehr ändern.“

Alle hatten schweigend zugehört. „Ja, geht in Ordnung“, stellte der Frager fest. „Das war leichter für uns“, entgegnete er und alle nickten Beifall. „Aber nun weiß ich noch immer nicht, wieso Sie in den ‚Schwarzen Brüdern‘ so gut prügeln können. In Ihren sonstigen Büchern, in der ganzen ‚Kinderodyssee‘, kommt keine einzige Prügelei vor?“

„Ja, wißt ihr, da kam es mir nur darauf an zu zeigen, wie Kinder mit einer sehr schweren Zeit fertig werden, wie sie reagieren.“

„Ah“, schrien alle, „da prügelt man sich doppelt viel. Das ist ja verrückt.“ Der erste Sprecher, wohl der älteste, gebot Schweigen. „Ja, dem Kurt Held seine Prügeleien sind glatt. Und was haben Sie denn mit den ‚Schwarzen Brüdern‘ gemacht, die so viel vom Held haben?“

„Ich habe vor allem einen Band gestrichen“, erklärte ich schuldbewußt.

„Das ist aber frech“, hörte ich ein Murren.

„Man muß doch nicht alles vier- oder fünfmal sagen. Wir sind doch nicht aus Dummsdorf.“ Alle lachten. „Ach“, entschuldigte ich mich. „Und dann die vielen unnötigen Beiwörter wie ‚sagte er weiter‘, das merken wir doch, daß er noch weiter spricht. Und die vielen ‚aber‘, ‚nur‘ und ‚auch‘.“

Jetzt schienen alle befriedigt. „Ja, Sie waren ja auch Lehrerin in Basel am Seminar.“

„Ich habe die ‚Rote Zora‘ zwanzigmal gelesen.“ Einer

löste das Buch von seinem Gürtel und hielt es mir hin. „Sie können mir vorlesen, was Sie wollen, ich kann Ihnen genau sagen, auf welcher Seite es steht. Ich wollte Ihnen dasselbe mit den ‚Schwarzen Brüdern‘ vorführen, aber wenn der Held da mitgearbeitet hat, ist das was ganz anderes.“

„Dann sind Sie eben eine Firma“, erklärte einer der Knaben, „haha, und mein Vater erklärte, die Zora sei zu unmoralisch. Ich habe ihn schon lange ausgelacht, er benutzt noch die Brillen meines Großvaters und ist zu geizig, sich eine andere zu kaufen. Daher kommt das.“

Alle Kinder lachten, ließen bei Kaffee und Kuchen die „Firma Held und Tetzner“ hochleben, aber fanden das Leben mit den vielen verschiedenen Namen ein wenig schwierig.

Lisa Tetzner-Kläber, Das war Kurt Held. Aarau/Frankfurt a. M. 1961: Verlag Sauerländer.

II. Hinweise auf die Buchverfilmung von 1979/80

Lisa Tetzners neunbändige „Kinder-Odyssee" ist durch die Verfilmung der beiden ersten Bände unter dem Filmtitel „Die Kinder aus Nr. 67" wieder in den Blick einer breiten Öffentlichkeit gekommen. Der Verlag hat das zum Anlaß genommen, eine „Sonderausgabe zum Film" unter gleichlautendem Buchtitel herauszubringen; das Titelblatt zeigt ein Foto aus dem Film.

Der Kinofilm, der auf den Berliner Filmfestspielen 1980 gezeigt worden ist und inzwischen verschiedentlich Kritik erfahren hat, deckt sich inhaltlich nicht immer mit der literarischen Vorlage. Der Begleittext, den das „internationale forum des jungen films" herausgegeben hat, ist hier nicht vollständig abgedruckt worden; die ausgewählten Passagen ermöglichen Dir aber ein Urteil über inhaltliche Abweichungen und Übereinstimmungen von Buch und Film.

Aus der Fülle der in Tages- und Wochenzeitungen erschienenen Rezensionen (= wertende Besprechungen von Fachleuten) haben wir nur eine ausgesucht, weil sie ausdrücklich die beobachtete Wirkung auf jugendliche Zuschauer mitteilt. Solltest Du den Film auch gesehen haben und anderer Meinung sein, dann versuche doch einmal eine eigene „Rezension" zu formulieren und in der Klasse (im Idealfall in der Schülerzeitung) zur Diskussion zu stellen.

1. Titelblatt der Sonderausgabe

10. internationales forum des jungen films	berlin 19. 2.–29. 2. 1980	5

DIE KINDER AUS № 67

oder Heil Hitler, ich hätt gern 'n paar Pferdeäppel ...

LAND	Bundesrepublik Deutschland
PRODUKTION	Road Movies Filmproduktion GmbH 1979/80
REGIE	Usch Barthelmeß-Weller, Werner Meyer
BUCH	Usch Barthelmeß-Weller, Werner Meyer, nach der Romanfolge ‚Die Kinder aus No. 67' von Lisa Tetzner
KAMERA	Jürgen Jürges, Hans-Günther Bücking
AUSSTATTUNG	Maciej Putowski, Thomas Irmscher
KOSTÜME	Gisela Storch, Jorge Jara
REQUISITE	Birgit Beckmann, Horst Furcht, Peter John, Markus Herold
ORIGINALTON	Gerhard Birkholz, Siegfried Zügel
SCHNITT	Helga Borsche, Thorsten Näter
MUSIK	Andi Brauer
REGIEASSISTENZ	Alexander Albert
AUFNAHMELEITUNG	Renate Witte, Norbert Finck, Ginar Gürsoy
PRODUKTIONSLEITUNG	Peter Wohlgemuth
HERSTELLUNGSLEITUNG	Renée Gundelach
DRAMATURGIE	Ulla Ziemann

DARSTELLER

Die Kinder

ERWIN	Bernd Riedel
PAUL	René Schaaf
MIRIAM	May Buschke
WILLI	Jürgen Frei
HEINER	Ralf Rackwitz
LOTTE	Andrea v. Lieven
LUCIE	Laila Renz
EMIL	Dirk Lüerss
MARTHA	Sabine Kolbatz
WALLI	Martina Weiske
PETER	Stefan Bossenberger
GERDCHEN	Jörg-Dennis Schmidt-Voss
TINA	Birgit Nauendorf
FRÄNZI	Franziska Krumwiede
HOTTE TETZMANN	Sebastian Steinke
BÄCKERLEHRLING GUSTAV	Thomas Weiske
PUMMEL	Heike Falkenberg

Die Erwachsenen

MUTTER BRACKMANN	Elfriede Irrall
VATER BRACKMANN	Tilo Prückner
MUTTER RICHTER	Martina Krauel
VATER RICHTER	Peter Franke
STEINEKLOPFER GÜNTER	Thomas Ahrens
WITWE WEYERMANN	Johanna Karl-Lory
FRAU MARNASSE	Barbara Morawiecz
HERR FRANKE	Claus-Dieter Reents
LEHRER KÖWEL	Udo Samel
LEHRER ZEMSKI	Gotthart Kuppel
KOLLEGE BLEISCH	Sebastian
BÄCKER HENNING	Rainer-Götz Otto
HERR BARTEL	Hagen Müller-Stahl
	Vladimir Weigel
	Ulli Radhöfer

URAUFFÜHRUNG	Februar 1980, Rotterdam 25. Februar 1980, Internationales Forum des Jungen Films, Berlin

---

FORMAT	35 mm, Farbe, 1:1.66
LÄNGE	2.814 m – 103 Minuten

Zu diesem Film

Dieser Film erzählt vom Leben der Kinder in einem Berliner Hinterhaus in den Jahren 1932/1933. Im Mittelpunkt steht die Geschichte von Paul und Erwin, zwei dreizehnjährigen Jungen, und ihre Freundschaft, die 1933 zerbricht. Aus einem Mosaik alltäglicher Begebenheiten, die aus dem Blickwinkel der Kinder geschildert werden, entsteht ein lebendiges Bild der Zeit: der Sorgen, kleinen Freuden und großen Konflikte der Menschen und der politischen Ereignisse, von denen sie ausgelöst werden.

Der Film fußt auf Motiven einer Romanfolge der bekannten Kinderbuchautorin Lisa Tetzner, die mit ihrem Mann, dem Arbeiterschriftsteller Kurt Kläber, 1933 in die Schweiz emigrierte und dort 1963 starb.

Mit ihrem ersten Spielfilm knüpfen die beiden Filmemacher an die proletarischen Traditionen der Literatur und des Films in Deutschland an und arbeiten ein Stück Zeitgeschichte auf, das wert ist, dem Vergessen entrissen zu werden.

Inhalt

Die Freunde Paul und Erwin gehören zur Bande der Kinder aus dem Hinterhof des Mietshauses No. 67. Die beiden sind richtige Fußballfans, aber sie haben nur einen selbstgebastelten Ball aus Lumpen, und es gibt weder Taschengeld noch Geld schenkende Tanten und Onkels – also verdienen sie sich durch allerlei Arbeiten den nötigen Betrag, um sich einen richtigen Lederfußball kaufen zu können. Eher klaut Paul, um seinen Hunger zu stillen, Brötchen im Vorderhaus, als etwas von ihrem gemeinsamen Fußballgeld zu verbrauchen. Als Erwin entdeckt, in welcher Situation Paul ist, kauft er allerdings, ohne zu zögern, von einem Teil des Geldes ein großes Brot und Schmalz. Am Kanalufer machen sich die beiden Jungen eine Feier daraus, einmal so viel zu essen, wie sie Lust haben.

Pauls Familie gerät durch die Arbeitslosigkeit des Vaters immer mehr in Not. Deswegen kann sich Paul auch gar nicht an Erwins neuer Idee begeistern, mit der er die ganze Bande angesteckt hat: die Kinder wollen ein großes Maskenfest im Hinterhof veranstalten. Erwin hat mit Miriam, dem Mädchen aus dem Maskenverleih im Vorderhaus, Freundschaft geschlossen. Dort treffen sich die Kinder jetzt zum Basteln.

Während die Vorbereitungen für das Fest laufen, wird die Lage für Pauls Familie immer bedrohlicher. Sie können die Miete nicht mehr zahlen. Als der Gerichtsvollzieher durch den Hinterhof in ihre Wohnung geht, tun sich Kinder und Erwachsene, nahezu alle Bewohner des Hinterhauses, zusammen, um Richters zu helfen. Die praktische Solidarität funktioniert. Das Fest wird zum Wohltätigkeitsfest erklärt. Schließlich kann Erwin im Trubel des Maskenballs verkünden, daß der Erlös der Tombola ausreicht, um die Mietschulden zu bezahlen.

Ein Jahr später gibt es die Bande aus dem Hinterhof der No. 67 nicht mehr. Hitler ist an der Macht. Ein Teil der Kinder hat sich der HJ oder dem BDM angeschlossen. Erwin ist nach der Verhaftung seines Vaters immer mehr isoliert. Selbst Paul ist jetzt lieber mit den anderen auf dem Sportplatz, als mit Erwin zusammen. Miriam wird mit ihrer Tante Berlin und Deutschland verlassen; sie wird Erwin nicht mehr beim Zeitungsaustragen begleiten können. Im Lande des Rassenwahns ist kein Platz mehr für sie.

Bei Brackmanns, Erwins Familie, werden die Fenster geschlossen, damit niemand mithören kann. Im Haus No.

67 hängen jetzt Hakenkreuzfahnen – und schließlich trägt auch Paul die Uniform der HJ.

Als Erwin den Freund das erste Mal so sieht, reißt er ihm die Hakenkreuzbinde vom Arm. „Das machst Du nicht nochmal“, sagt Paul drohend. Erwin antwortet ihm: „Das werden wir noch sehen!“

„Für Kinder muß man ebenso schreiben wie für Erwachsene, nur besser.“ (Maxim Gorki)

Ein guter Film für Kinder ist auch ein Film für Erwachsene, denn jeder Erwachsene trägt die Geschichte seiner Kindheit in sich. Man ist aber nicht nur durch sein Elternhaus, sondern auch durch die Umwelt und die politischen Verhältnisse, in denen man aufgewachsen ist, geprägt. Da die Kinder von früher die Eltern und Großeltern von heute sind, kann dieser Film in zweifacher Hinsicht zur Erinnerung beitragen: einerseits zur geschichtlichen und andererseits zur persönlichen. [. . .]

Pauls Entwicklung macht deutlich, wie leicht man in eine Strömung hineingeraten kann. Auch heute nehmen die meisten die gesellschaftlichen Verhältnisse als gegeben hin, statt einzugreifen und zu versuchen, sie zu verändern, wie Erwin und seine Familie.

Dieser Film will auch Kindern und Jugendlichen den Zugang und die Beschäftigung mit Fragen und Problemen ermöglichen, die an den Schnittpunkten zwischen gesellschaftlich-politischen Ereignissen und der persönlichen Welt auftreten. An den Folgen, die sie für das Zuammenleben der Menschen hatte, zeigt sich, welcher Art die nationalsozialistische Herrschaft war.

Wir haben versucht, den Film so aufzubauen, daß sich immer ein Handlungsstrang ergibt, der die jungen

Zuschauer durch den Film führt und sie mit Spaß und Spannung am Leben von Erwin, Paul und der anderen Kinder aus No. 67 teilhaben läßt. Gleichzeitig sind im Film auch all die Informationen enthalten, die durch genaue Rekonstruktion der Zeit sichtbar werden, auch wenn sie von den Jüngeren nicht erfaßt werden können. [. . .]

Usch Barthelmeß-Weller/Werner Meyer

Aufzeichnungen von einem Gespräch mit den Filmemachern (geführt von Ulla Ziemann)

[. . .]
Der Film schildert etwa ein Jahr aus dem Leben der Bewohner der No. 67. Es ist die Zeit kurz vor und nach der Machtergreifung Hitlers, 1932–1933. Wir erzählen aus der Perspektive der Kinder, d.h. wir sehen Konflikte und Probleme mit den Augen von Paul und Erwin, die vor Hindernissen nicht haltmachen, die ihre eigene Art haben, zwischen richtig und falsch, wichtig und unwichtig zu entscheiden. Manches erscheint da in anderem Licht, kann neu erfahren werden, gerät aus den festen Verankerungen der Gewohnheiten.

Die Kinder aus dem Hinterhaus und ihre Enkel

Wir haben oft mit Leuten gesprochen, die damals 1932/33 in der Situation der Kinder aus der No. 67 gewesen sind. Obwohl die materielle Not der Arbeiterfamilien, teilweise bedingt durch die Arbeitslosigkeit, sehr groß war, meinten unsere Informanten übereinstimmend, daß sie es als Kinder besser hatten als ihre Enkel heute. Sie waren in einer starken Gemeinschaft aufgehoben, die durch die Gemeinsamkeit der Lebensbedingungen und Interessen und durch die kämpferische Tradition der Arbeiterschaft getragen war. Jedoch muß man sagen, daß diese Charakterisierung bezogen auf unser Haus oder überhaupt auf die Einheit Hausgemeinschaft – nur für die Jahre vor 1933 gilt. Nach der Machtergreifung der Nationalsozialisten dringen Angst und Mißtrauen in das Haus No. 67, geschürt durch die brutalen Maßnahmen, Gesetze und Verbote der Nazis. Aber da ist der Bruch schon da: es gibt Mitbewohner, die auf eine bessere Zeit hoffen, die der Nationalsozialismus bringen soll, während andere Familien von diesem Regime bereits verfolgt werden. [...]

In die Vergangenheit zu gehen, ist für Kinder, als wenn sie in ein fremdes Haus kommen, in ein anderes Milieu: sie sind neugierig, vergleichen, entdecken das Fremde und darin das, was ähnlich ist oder ihren eigenen Erfahrungen gleicht. Mit Paul und Erwin ist das aufgezeigte Geschehen für sie nicht nur nachvollziehbar, sondern miterlebbar.

Dreharbeit mit Kindern

Wir haben bei der Auswahl der Kinder sehr darauf geachtet, daß die Rolle jeweils Persönlichkeit und Eigenart des Kindes aufnehmen kann, und nicht umgekehrt das Kind für die Rolle passend inszeniert werden muß. Deshalb haben wir unsere Darsteller unter Arbeiterkindern gesucht. Wir hatten aus unseren bisherigen Filmerfahrungen mit Kindern sehr klare Vorstellungen über die Unterschiede, die zwischen Kindern, die in verschiedenen sozialen Milieus aufwachsen, bestehen: eine bestimmte Art der Körpersprache, das soziale Verhalten, beides wesentliche Momente bei den Kindern aus der No. 67, ist bei Kindern aus dem bürgerlichen Lebensbereich nicht zu finden.

Die Kinder haben vor den Dreharbeiten viel Zeit zusammen mit uns verbracht. Über Pfingsten waren wir vier Tage zusammen in einer Jugendherberge. Die Kinder hatten schon ihre Filmkleider an, das war ihr eigener Wunsch. Wir haben ihnen über die Zeit und Geschichte von damals erzählt, haben Photos zusammen angeschaut. Ganz fremd waren ihnen eigentlich nur die HJ-Gewohnheiten. Vor Beginn der Dreharbeiten haben wir alle Szenen mit ihnen diskutiert und gespielt. Für die Kinder war es wichtig, daß sie eine Beziehung zum Gesamtzusammenhang gewinnen konnten, damit bei achronologischem Drehen nicht nur kurzfristige Gefühle aufgeworfen und abgerufen wurden. Für uns war es eine wichtige Möglichkeit, unsere Arbeit am Drehbuch zu überprüfen.

Die Kinder haben sich auch selbst Geschichten ausgedacht, gespielt und mit Super-8 gedreht, geschnitten und vertont. Da sie wußten, wie die technische Seite beim Film funktioniert, konnten sie beim Spielen auch mit dem Kameramann mitdenken, und wir mußten ihnen nicht uneinsehbare Anordnungen geben.

Ursprünglich hatten wir vor, während der Drehzeit zusammen mit den Kindern in einem Kreuzberger Hinterhaus zu leben. Die Kinder wären davon begeistert gewesen. Aber es ist nicht gelungen, das zu realisieren: vor allen Dingen hätten wir den Kindern nicht die Betreuung geben können, die sie zu Hause haben und während der anstrengenden Dreharbeiten auch brauchten.

Kino für alle

Wir sind aus der Erfahrung mit eigenen Kindern und der Filmarbeit mit Kindern dazu gekommen, einen Kinofilm mit Kindern zu machen. „Mit Kindern“, das heißt nicht ein

Film über Kinder, und das heißt nicht unbedingt Kinderfilm. [...]

herausgeber: internationales forum des jungen films / freunde der deutschen kinemathek, berlin 30, welserstraße 25 (kino arsenal) druck: b. wollandt, berlin 31.

3. Rezension von Rüdiger von Naso

Kinofilm

Die Kinder aus Nr. 67

Es liefen noch die letzten Titel durchs Bild, da war schon kein Schüler mehr im Kinosaal — nur das Wort „Schnulze", von einem der jugendlichen Besucher fanfarenhaft ausgestoßen, blieb als Abschiedsgruß zurück — und als klare Absage auch.

Daß an der Vorstellung von „Die Kinder aus Nr. 67" (Buch und Regie Usch Bartelmeß—Weller / Werner Meyer) mehrere Schulklassen teilnahmen, war kein Zufall, ist der Film doch ausdrücklich für ein jugendliches Publikum konzipiert. Werner Meyer mochte ihn gar in einer Diskussion als Ergänzung zu dem in den Schulen präsentierten Dokumentationsmaterial über Auschwitz oder den Zweiten Weltkrieg verstanden wissen.

Da scheint freilich Widerspruch angebracht, denn der Film verschenkt nicht nur die Chance, an Kindern exemplarisch die damaligen Verhältnisse zu spiegeln, er bietet auch ansonsten eine Sicht der Dinge, die dem Farbtopf eines Zille[15] zwar entliehen, von dessen skizzenhafter Präzision, die sehr wohl Realität aufzuspüren vermochte, aber meilenweit entfernt ist. Wo jener andeutete, wird hier auf eine Weise ausgemalt, daß man weiß: So sah es im Berlin jener Jahre gewiß nicht aus. Armut wird zur

[15] Heinrich Zille, geb. 1858 (Sachsen), gest. 1929 (Berlin) machte sozialkritische Zeichnungen und Radierungen aus dem Hinterhausleben Berlins und zum Thema „Kinder der Straße", in denen er die Mißstände seiner Zeit anklagte.

pittoresken[16] Attitüde,[17] wird zum Kostüm.

Die Kindertragödie, die hier stattfindet, besteht darin, daß die gesellschaftliche Realität eine Freundschaft langsam untergräbt. Sie wird jedoch gar zu oberflächlich geschildert, als daß sie Interesse wecken könnte. Einzig das Verhältnis zwischen dem Sozi-Vater (Tilo Prückner) und seinem Sohn Erwin (Bernd Riedel) zeigt in einigen Momenten jene Intensität, die man dem ganzen Film gewünscht hätte.

Der Satz von Maxim Gorki, für Kinder müsse man „ebenso schreiben wie für Erwachsene, nur besser", wurde von den Regisseuren in ihrem Medium leider nicht in die Tat umgesetzt.

Rüdiger von Naso

Frankfurter Allgemeine Zeitung v. 30. 6. 1980 (= Nr. 148), S. 18.

---

[16] malerisch
[17] Pose, aufgesetzte Haltung

III. Vergleichstexte von verschiedenen Jugendschriftstellern

Die hier abgedruckten Geschichten sind entweder – wie Tetzners Erzählung „Der Fußball“ – während der Weimarer Republik entstanden (z. B. „Koks“ und „Klütjenbäcker“ von C. Dantz), oder ihr Inhalt bezieht sich auf diese Zeit (das gilt für alle übrigen Texte). Die Geschichten von Mühlenhaupt und Schnurre spielen auch in Berlin; sie sind aus autobiographischen Romanen entnommen, die lauter in sich abgeschlossene Erzählungen enthalten. Auch die Texte von Dantz und Richter sind für sich allein verständlich, obwohl sie aus zusammenhängenden Ich-Erzählungen stammen. Anders gebaut ist nur Max von der Grüns Bericht „Wie war das eigentlich?“, in dem persönliche Erinnerungen und öffentliche Dokumente so ineinander verschränkt sind, daß ein umfassendes Zeitbild entsteht. In diesem Fall haben wir nur die privaten Erlebnisse herausgenommen und aneinandergereiht.

Wenn Dir die ausgesuchten Texte gefallen haben, solltest Du Dir die betreffenden Jugendbücher aus der Bibliothek ausleihen und ganz lesen. Den höchsten Schwierigkeitsgrad hat Max von der Grüns Buch.

Hier noch zwei weitere Jugendbücher aus den zwanziger Jahren, die in Berlin spielen:

Erich Kästner: Emil und die Detektive (1928)

Alex Wedding: Ede und Unku (1931).

Beide Bücher, die man wegen der spannenden Handlung nur im ganzen lesen sollte, werden bis in die Gegenwart hinein immer wieder neu aufgelegt, weil sie viele begeisterte Leser finden.

1. Carl Dantz: Koks

Vater lag schon 3 Wochen krank, und Krankengeld gab es bloß 12 Mark die Woche. Und wir konnten Frau Tietjen die Miete nicht bezahlen.

Da sagte Frau Tietjen, wir können das Geld abverdienen, wenn wir ihr im Geschäft helfen, die Besorgungen zu machen.

Einen Tag hat sie uns nach Kohlen geschickt, Frida und mich.

Wir holen sie vom Gaswerk, weil sie da billiger sind, und Frau Tietjen sagt, sie findet das Geld nicht auf der Straße.

Wir sind schon öfter dagewesen, und wir gehen immer um sechs Uhr morgens los, daß wir um sieben da sind und gleich an die Reihe kommen. Dann sind wir bis acht zurück und kommen bloß eine Viertelstunde zu spät in die Schule.

Wenn wir hinfahren, zieht Frida, und ich passe auf, daß die Säcke nicht geklaut werden, wie das letzte Mal. Zurück ziehen wir beide.

Den Morgen ist beim Gaswerk schon alles proppenvoll gewesen. Weil sie sagen, es kommen neue Preise, und sie wollen alle noch den billigen Koks haben.

Der Wind hat gepfiffen und es hat durcheinander geschneit und geregnet.

Man muß immer lange stehen und warten, bis man seinen Schein kriegt. Und Frida hat sich dicht an das Schiebefenster rangedrängt, wo die warme Luft rauskommt, und hat die Hände drangehalten. Im Winter hat sie immer Hände und Füße voll Frostbeulen.

Zuletzt ist ein Mann mit einer Laterne gekommen, der hat uns nach dem Koksschuppen gebracht und der Reihe nach aufgerufen.

Bloß ein Fräulein hat er von hinten hergeholt, die ist zuerst drangekommen.

Das ist Schiebung! hat Frida frech gesagt. Und die Frauen haben auch geschimpft.

Wir haben drei Säcke aufgeladen gekriegt. Der Wagen hat geknackt, und wir konnten ihn knapp ziehen, weil die Straße glitschig war.

Paß auf, sagt Frida, das hält er nicht aus, gleich sitzen wir da mit der Bescherung.

Und richtig. Ecke Kaiser- und Grafenstraße ist das Unglück schon dagewesen. Ein Rad vom Wagen ab, und alle Säcke heruntergerollt. Einer geplatzt, die ganzen Koks auf den Schienen. Gerade da, wo die Elektrischen sich kreuzen.

Erst hat Frida geheult. Ich mußte bloß staunen, wie wir so mit einem Schlag den ganzen Verkehr gestoppt haben. Kuck, Frida, die Elektrischen stehen Polonaise vor unserm Kokshaufen! hab ich zu ihr gesagt. Da hat sie gelacht.

Die Fahrgäste haben geschimpft, und der Schutzmann hat einen Kreis von Zuschauern gemacht. Zuletzt ist ein Kontrolleur von der Straßenbahn gekommen mit ein paar Schaffnern, die haben den Wagen und die Säcke zur Seite gezogen und den Koks mit den Füßen aus dem Wege gestoßen.

Weil Frida schon wieder am Heulen war, bin ich nach Haus gelaufen und hab Bescheid gesagt.

Frau Tietjens Zimmermieter ist grade dagewesen, der hat sich mit der großen Karre und einer Schaufel auf den Weg gemacht. Und wir haben alles aufgeladen, Koks und Säcke, und den kaputten Wagen obendrauf.

Ich bin hinterhergegangen, halb im Schlaf, weil ich ja nicht zu schieben brauchte. Da hab ich immer an Scharffenbergs Villa in der Deliusstraße denken müssen, wo Mutter manchmal rein macht. Da ist ein elektrischer Ofen im Zimmer, und vor dem Ofen liegt ein richtiges Tigerfell. Das ist der Platz für unsere beiden Söhne, sagt Fräulein

Scharffenberg immer. Und dann streichelt sie den Hund und den Kater. Die liegen den ganzen Tag vorm Ofen und wärmen sich.

Wenn ich groß bin und Geld verdiene, will ich nur so einen Ofen haben und niemals mehr Koks fahren.

Frau Tietjen hat geschimpft, wie sie die Bescherung gesehen hat: Vorigesmal die Säcke weg, und nun der Wagen kaputt! So teuren Koks kann sie nicht bezahlen! Und die Miete hat sie auch nicht gekriegt!

Da ist Frida auch frech geworden und hat gesagt, ein warmes Zimmer hat sie ja nun, und wenn sie nichts zu leben hat, dann soll sie die Ringe verkaufen, die sie an allen Fingern hat, und sie wäre überhaupt Kriegsgewinnler.

Unsere Wohnung ist noch kalt gewesen. Der Arzt hat aber gesagt, Vater muß ein warmes Schlafzimmer haben, wenn er besser werden soll.

Da sind wir, Frida und ich, den Nachmittag nach dem Hüttenwerk rausgewesen, wo auf den neuen Straßen die Schlacke aufgefahren wird.

Da sitzen wohl hundert Frauen und Kinder und suchen sich die Koksstücke heraus.

Das ist ein Koksbergwerk, hab ich zu Frida gesagt. Wir wollen uns auch einen Schacht graben. Das ist ein anderer Schnack, als die elende Quälerei vom Gaswerk her.

Carl Dantz, Peter Stoll. Ein Kinderleben. Von ihm selbst erzählt (1925), neu hrsg. v. J. Merkel/D. Richter. © München 1978: Weismann/Frauenbuchverlag.

Carl Dantz: Klütjenbäcker

Frau Tietjen ist schon den nächsten Tag wieder angekommen. Sie braucht einen zum Aufpassen, sagt sie, und der Peter kann es gut tun.

Es ist Novembermarkt gewesen, und sie hat einen

Geschirrstand gehabt auf dem großen Platz vor der Eisenbahnbrücke.

Der Peter braucht bloß die Augen aufzusperren, und dafür soll er jeden Nachmittag 50 Pfennig verdienen, das ist ein sündhaft hoher Lohn.

Alte Hexe, was du hoch nennst! hab ich gedacht. Aber ich hab doch ja gesagt, weil es für die Miete ist, und weil ich vielleicht den ganzen Rest abtragen kann, wenn der Markt sechs Tage dauert.

Auf dem Geschirrmarkt ist bald kein Mensch gewesen, weil er so hinterzu liegt. Und Töpfe wollen die Leute auf dem Markt auch nicht sehen.

Der Wind hat durch die Brückenbogen gepfiffen. Aber ich hab ihm den krummen Puckel hingehalten und die Hände in die Taschen gesteckt. Wenn Frau Tietjen merkt, wie mir die Zähne zusammenschlagen, sagt sie: Nun hör mal, Peter, wie die Töpfe klappern!

Sie hat in ihrer Zeltbude gesessen und hat sich an der Feuerkieke gewärmt. Und hat heißen Kaffee gehabt, auch eine dicke Wolljacke und Pulswärmer. Ich bin draußen auf und ab getrampelt und hab auf die Kundschaft gewartet.

Aber es kam immer keiner.

Sie hat es schon in der Zeitung gehabt, und daß es das Billigste und das Beste ist, was sie hat. Aber die Leute, die von der Brücke kommen, biegen gleich in die Deichstraße hinein und auf den Schützenplatz, wo Karussellbetrieb ist.

Das verdammte Volk kauft bloß Luftballons und Schmalzkuchen! schimpft Frau Tietjen aus der Bude heraus. Aber nachher, wenn der Spektakel vorbei ist, dann kommen sie bei mir in den Laden zu betteln und wollen ’ne Untertasse auf Pump kaufen.

Gerade beim letzten Geschirrstapel war eine Schmalzkuchenbude. Da bin ich im Auf- und Abgehen immer einen Augenblick stehengeblieben. Es kam so warm heraus und es roch fein.

Ganz früher, wie wir noch in der Feierabendstraße wohnten, hat es bei uns zu Hause auch mal so gerochen. Da ist Tante Lore aus Emden zu Besuch gewesen, die hatte Butter und Schmalz und Mehl mitgebracht, und Mutter hat Krapfen gebacken.

Hinten im Zelt war der Bäcker in weißer Jacke und Mütze, der hat geschwitzt. Manchmal hat er auch rausgekuckt. Und wenn die Leute vor seinem Zelt sich gedrängt haben, hat er der Frau beim Verkaufen geholfen.

Zwei Schmalzkuchen kosten jedesmal 50 Pfennig. Soviel hatte ich gerade verdient, wenn es neun war und ich fünf Stunden bei den Töpfen gestanden hatte. Aber ich kriegte es gar nicht in die Finger, weil wir es ihr ja schuldig waren. Frau Tietjen sagt aber jedesmal:

Du verdienst dein Geld im Schlaf, Peter, und ich verdien keinen Pfennig.

Wie ich abends nach Hause ging, sind die Schutzleute schon von Zelt zu Zelt gelaufen und haben Feierabend geboten.

Vor der Achterbahn ist es aber noch dick und schwarz von Leuten gewesen, die alle noch einmal fahren wollten. Eine Fahrt kostete auch 50 Pfennig.

Ich bin nicht so gierig auf das Fahren, hab ich gedacht. Ich geb mein sauer verdientes Geld nicht aus. Und hab die Hand zusammengedrückt, gerade, als ob mein Lohn wirklich darin gewesen wäre. Und bin Trab gelaufen, daß ich warme Füße kriegte.

Zu Hause war es beinahe ebenso kalt wie draußen.

Mutter war beim Strümpfestopfen eingeschlafen, und Frida schälte Kartoffeln für den andern Tag.

Da hab ich Mutter leise geweckt und gesagt:

Mutter, 50 Pfennig weniger Mieteschulden, und wenn ich noch fünf Tage arbeite, dann sind die drei Mark abbezahlt.

Nachts hat mir geträumt, ich wäre der Schmalzkuchenbäcker. Ich habe einen Kuchenberg gebacken, der bis unter die Zeltdecke ging, und immer war der Teig noch nicht alle. Als der letzte Kuchen raus war, hab ich mich auf einen Stuhl hinter den Kuchenhaufen gesetzt. Erst hab ich aber den Vorhang vor der Verkaufsbude runtergelassen und Licht angemacht. Und dann die Füße in den Backofen geschoben, bis an die Knie. Und dann ging das Futtern los. Den ganzen Berg hab ich runter gegessen. Stundenlang. Die Leute haben draußen gestanden und sich gedrängelt. Frau Tietjen auch, ich hab sie an der Stimme erkannt. Zuletzt hat sie den Kopf durchgesteckt und gerufen:

Heda Peter Klütjenbäcker, mach deinen Laden auf!

Ich hab mich aber bloß halb umgedreht und hab weiter gekaut und über die Schulter rüber zu ihr gesagt:

Nix zu machen, beste Frau, selber essen macht fett!

Carl Dantz, Peter Stoll. Ein Kinderleben. Von ihm selbst erzählt (1925) a. a. O.

2. Curt Mühlenhaupt: Von der Winterhilfe

Von der Winterhilfe. Die Arbeitslosen unter sich. Vorsicht, Dampfwalze!

Jahre vor Hitler gab es so etwas wie eine Winterhilfe, wenigstens in Berlin.

In Deutschland gab es sieben Millionen Arbeitslose, und es wurden täglich mehr. Aber man tat etwas für sie. Der Oberbürgermeister Bös schaffte die Notverordnungen, und eines Tages erhielten die Arbeitslosen einen Bezugsschein für getragene Sachen.

Wir liefen alle mit nach Mariendorf. Dort standen Baracken, in denen wir uns zu melden hatten. Bisher hatte ich noch nie so viele arme Menschen auf einem Haufen gesehen. In der Baracke waren einige Zimmer, in denen man sitzen konnte. Die meisten Leute standen aber, weil kein Platz war. Sie standen auf dem Flur und überall. Jeder mußte warten, bis seine Nummer aufgerufen wurde.

„Du könntest einen neuen Wintermantel gebrauchen", sagte meine Mutter zu meinem Vater.

„Der Junge braucht eine neue Hose, sonst nichts", sagte er.

„Dann nehmen wir auch gleich ein bißchen was Festes", erwiderte sie.

Alle fünf Minuten kam jemand aus dem Verteilzimmer heraus. Sie waren jedesmal mit einem großen Packen beladen.

„Die bekommen ja alle ganz schön", staunte meine Mutter.

Wir warteten schon sehr lange.

Woher kamen nur die schlimmen Gerüche?

„Nicht von Menschen", sagte mein Vater.

Die Tür vom Verteilzimmer ging auf, und eine dicke Dame kam an uns vorüber und watschelte den langen Gang entlang.

„Das ist wohl die Person, die alles unter sich hat?" meinte mein Vater zu jemandem, der neben uns stand. „Das sieht man", erwiderte der, „so dick kann kein Arbeitsloser sein."

Die Menschen auf dem Flur wurden nun ungeduldig. „Sie wird 'ne Mittagspause machen und sich erst so richtig satt essen", murrte eine.

So war es. Es ging nirgends weiter.

Hin und wieder lief eine vom Amt auf dem Flur entlang.

Es wurde weitergenörgelt, aber im Grunde war jeder hilflos.

Nach zwei Stunden kam unsere Dame vom Amt wieder. Die Menschen standen wie eine Mauer, doch mit ein paar kräftigen Handbewegungen schob sie die Verhungernden einfach beiseite. Sie wurde mit ihnen leicht fertig. „Dampfwalze“, rief einer hinter ihr her, doch sie verschwand in ihrem Zimmer.

Nun wurden wir aufgerufen. Wir gingen in die Kleiderkammer. „Hier kommt dieser eklige Geruch her“, stellte mein Vater fest. Meine Mutter stieß ihn an. Aber Vater hatte recht.

Ich mußte meine Hand aufhalten und bekam ein Bündel, das mir bis an die Nase reichte. Es stank fürchterlich. Meine Mutter zählte nun alle ihre Wünsche auf. „Ist schon gut“, sagte die Dame, „wo sind denn Ihre Scheine?“

„Reich sie mal rüber“, bat Mutter meinen Vater. Er fing nun an zu suchen, aber sie waren weg. „Du hast sie doch eben noch gehabt“, sagte Mutter. „Ich hab’ sie dir aber schon gegeben“, sagte Vater.

„Also, zwei Stunden haben Sie Zeit!“ fuhr die dicke Dame meinen Vater an.

„Sechs Stunden!“ verbesserte mein Vater.

„Wenn Sie sechs Stunden Zeit hatten, dann tut es mir leid. Also, mein Kind“, sagte sie zu mir, „leg mal schnell die Wäsche wieder auf den Stapel. Geht alle vor die Tür und sucht schön weiter!“

„Schockschwerenot, wir hatten sie doch eben noch“, fluchte Vater, und als wir vor der Tür standen, waren sie auch wieder da.

Vater versuchte nun mehrere Male, wieder reinzurutschen, aber die Dicke zeigte mit dem Finger auf das Schild und sagte: „Sie können wohl nicht lesen, was?!“

Dann kam sie raus, und wir dachten, nun seien wir dran. Aber das war ein Irrtum. Sie ging an uns vorüber und den Gang entlang.

„Jottstrammbach“, sagte mein Vater, „nun wird sie wieder essen gehen!“

Aber das stimmte nicht. Nach fünf Minuten kam sie zurück, und ehe Vater wieder anfing zu zetern, sagte sie: „Was wollen Sie denn, Sie sind doch arbeitslos und haben Zeit!“

„Zeit schon", sagte Vater, „aber wir müssen auch mal was essen."

„Sie werden noch früh genug Ihre paar Mark loswerden", sagte die Dame, „aber ich will mal ein Auge zudrücken."

Ich sollte nun meine Hand wieder aufhalten, und sie warf mir wieder Wäsche rein. Auch meine Mutter und mein Vater erhielten etwas – alle bekamen wir reichlich. „Mehr kann ich für Sie nicht tun", sagte die Dame.

Meine Mutter ließ sie reden und hatte keine Wünsche mehr.

Mutter wollte nicht mit ihr tauschen. „Sie ist ja auch nur ein armes Schwein", sagte sie.

Es dauerte nur Minuten, und wir standen wieder draußen. Reichlich beschenkt und von den anderen bewundert, schleppten wir unsere Pakete hinter die Baracke. Dort schnürte mein Vater alles mit einem Bindfaden zusammen, und wir machten uns auf den Heimweg.

Als wir wieder zu Hause waren, wollten wir doch wissen, was wir die ganze Zeit mit uns rumgeschleppt hatten. In der Mehrzahl waren es uralte lange Leinenschlüpfer mit sehr viel Spitzen dran – aber Spitzen hatten wir noch genug vom Wochenmarkt.

Als es bald darauf wieder mit der Winterhilfe losging, waren wir die Spender, und sie bekamen alles wieder zurück, weil wir den Desinfektionsgeruch anders nicht los wurden.

Curt Mühlenhaupt, Ringelblumen. Bayreuth 1974: Loewes Verlag, S. 53–60.

3. Wolfdietrich Schnurre: Der Brötchenclou

Anfangs ging es noch; aber als Vater dann auch wieder arbeitslos wurde, da war es aus. Es gab Zank; Frieda sagte, Vater wäre zu unbegabt, um Arbeit zu finden.

Vater sagte: „Ach bitte, sag das noch mal."

„Du bist zu unbegabt, um Arbeit zu finden", sagte Frieda.

„Ich hoffe", sagte Vater, „du bist dir über die Konsequenzen dieser Feststellung klar."

Dann nahm er mich bei der Hand, und wir gingen spazieren.

Zum Glück kam damals gerade ein Rummel in unsere Gegend. Er war nicht sehr groß, aber es gab eine Menge auf ihm zu sehen. Mit dem Glücksrad und solchem Kram hatten wir nicht viel im Sinn. Aber was uns sehr interessierte, das waren die Schaubuden.

In einer trat eine weißgeschminkte Dame auf; wenn man der eine Glühbirne in den Mund steckte, dann leuchtete sie. Ein Herr sagte einmal während einer Vorstellung, das wäre Schwindel. Darauf stand Vater auf und sagte, er sollte sich schämen.

Nachher kam die weißgeschminkte Dame zu uns und fragte Vater, ob er Lust hätte, bei sämtlichen Vorstellungen anwesend zu sein und etwaigen Störenfrieden dasselbe zu sagen wie eben; sie bot Vater eine Mark für den Abend.

Wie Vater mir nachher sagte, hatte er Bedenken. Es wäre ein Unterschied, sagte er, ob man sich spontan oder auf Bezahlung empörte. Aber dann sagte er doch zu, denn ein Teller Erbsensuppe bei Aschinger kostete nur fünfzig Pfennig.

Die weißgeschminkte Dame war jedoch nicht die einzige Attraktion, sie war bloß die Chefin. Zugnummer war Emil, der Fakir aus Belutschistan. Er stand barfuß auf einem Nagelbrett, er spuckte Feuer und hypnotisierte. Der Clou seines Auftritts war die Brötchenwette: Emil versprach demjenigen zehn Mark, der, wie er, innerhalb von fünf Minuten, ohne was dazu zu trinken, sechs trockene Brötchen vom Vortag verzehrte.

Erst dachten wir, Emil wäre verrückt. Aber dann stellte sich heraus, es war eine Leistung, und zwar eine einmalige. Denn so groß auch der Andrang jedesmal war, niemand kam über drei Brötchen; und an denen würgten die meisten schon so sehr herum, daß wir immer fast von den Stühlen fielen vor Lachen.

Auch Emil mußte sich sehr anstrengen. Das heißt, es kann auch sein, er verstellte sich nur, denn er war wirklich ein Künstler. Und nicht nur das; auch ein Geschäftsmann: alle mußten für das erste Brötchen zehn Pfennig und für jedes weitere das Doppelte vom vorher verzehrten bezahlen.

Hätte Vater damals nicht gerade Geburtstag gehabt, ich hätte bestimmt nicht daran gedacht, hier auch mal mein Heil zu versuchen. Doch ich wollte Vater zum Geburtstag eine Ananas kaufen. Die Schwierigkeit war jetzt bloß, regelmäßig Geld für die Trainingsbrötchen zu kriegen.

Ich versuchte es, indem ich vor EPA auf Fahrräder aufpaßte. Das ging ganz gut. Ich bekam zwar oft Streit mit denen, die schon früher auf diese Idee gekommen waren; aber abends hatte ich immer so meine fünfzehn, zwanzig Pfennig zusammen.

Ich hatte zwei Wochen Zeit. Ich trainierte zweimal täglich, einmal morgens, einmal abends. Zum Glück hatte ich immer sehr großen Hunger, so daß ich bald schon auf vier Brötchen in sechs Minuten kam. Dann sagte ich Vater, ich hätte Bauchweh, und ließ abends die Erbsen weg, und da schaffte ich sechs Brötchen in sieben Minuten.

Dann kam ich auf die Idee, vorher Maiblätter zu lutschen. Das waren große, grüne, saure Bonbons, sie verhalfen einem zu unglaublich viel Spucke. Jedenfalls schaffte ich die sechs Brötchen jetzt in sechs Minuten und dreißig Sekunden; und drei Tage später hatte ich Emils Rekord sogar noch um zwei Zehntelsekunden unterboten.

Ich war sehr froh; doch ich behielt es erst noch für mich; es sollte ja eine Überraschung werden. Doch da ich, um besser in Form zu sein, abends immer die Suppe stehen ließ, bekam ich dunkle Ringe um die Augen und ganz löchrige Backen, und ausgerechnet, als nur noch zwei Tage Zeit waren, sagte Vater, er sähe sich das nun nicht mehr länger mit an: und wenn ich hundertmal Bauchweh hätte, ich müßte die Suppe jetzt essen.

Ich sträubte mich; ich sagte, ich ginge kaputt, wenn ich sie äße.

Aber Vater bestand darauf, und was das Schlimmste war, er hatte einen Kochtopf mitgebracht, in den ließ er sich seine Suppe jetzt einfüllen, und am nächsten Morgen redete er mir so lange zu, bis ich mir ganz schlecht vorkam und sie auslöffelte.

Es war furchtbar; ich war so satt wie noch nie. Ich ging sofort raus und steckte den Finger in den Hals, und am Abend war ich dann auch Gott sei Dank wieder ebenso hungrig wie immer.

Es war Sonnabend und ein guter Geschäftstag. Als Vater die Menge im Zelt überblickte, nickte er anerkennend; er sagte, das wäre genau der richtige Tag, die Chefin um eine Geburtstagsgratifikation anzugehen.

Geh du man an, dachte ich. Ich stellte mir schon Vaters Gesicht vor, wenn Emil mir die zehn Mark in die Hand drückte. Sicher würde es auch allerhand Beifall geben. Ich überlegte, ob ich mich dann verbeugen sollte; lieber nicht, das sah immer so anbiedernd aus.

Ich lutschte andauernd Maiblätter; ich glaube, ich habe noch nie so viel Spucke gehabt wie an dem Abend. Das Publikum war wunderbar; es ging sogar bei Clorullupp, dem Fischmenschen, mit, und der war bestimmt so das Langweiligste, was man sich nur vorstellen kann.

Dann kam Emil. Er trat auf das Nagelbrett, er spuckte Feuer und hypnotisierte einen Hilfspolizisten; das Publikum raste.

Und dann folgte, von einem dumpfen Trommelwirbel begleitet, der Brötchenclou. Emil war nicht sehr gut in Form; man sah, diesmal strengte es ihn tatsächlich an. Aber dann hatte er es doch wieder geschafft, und in den losprasselnden Beifall rein sagte er, so, und wer ihm das jetzt nachmachte, der bekäme an der Kasse zehn deutsche Reichsmark ausbezahlt.

Es waren sehr viele Leute, die daraufhin nach vorn gingen. Ich ließ sie erst alle ran und sich blamieren; dann schob ich mir ein Maiblatt unter die Zunge und ging auch nach vorn.

Ich spürte deutlich den Blick von Vater im Nacken, ich drehte mich aber nicht um; ich wußte, sah ich Vater erst an, war es aus. Doch auch die Zuschauer schienen unruhig zu sein, sie glaubten wohl, ich wäre zu klein, um die Brötchen zu schaffen.

Glaubt, was ihr wollt, dachte ich; wundern könnt ihr euch immer noch. Und dann war ich dran.

„Ach nee“, sagte Emil, als er mich sah, und kniff ein bißchen die Augen zusammen. Dann rief er laut: „Na, und der junge Herr –: auch mal sein Glück versuchen?“

„Ja“, sagte ich.

Ich griff in die Brötchentüte. Ich sagte, er sollte die Stoppuhr einstellen; Emil stellte sie ein.

„Los“, sagte er; und im selben Moment fing hinter dem Vorhang Clorullupp an, die Trommel zu rühren.

Ich hielt die Luft an und biß in ein Brötchen. Doch kaum hatte ich den ersten Bissen im Mund, da glaubte ich, ich müßte mich übergeben, so satt war ich auf einmal. Rasch biß ich noch mal was ab; doch es war wie verhext, ich bekam den Bissen nicht runter, der Brötchenbrocken lag mir wie ein Holzwollknäuel auf der Zunge. Obendrein rutschte mir auch noch das Maiblatt in die Luftröhre, ich verschluckte mich und bekam einen Hustenanfall.

Erst dachte ich, mein Husten machte den Krach; aber dann merkte ich, den Krach machten die Leute: sie schrien vor Lachen.

Ich bekam eine wahnsinnige Wut; ich schrie, ich hätte Emils Rekord neulich sogar unterboten; aber jetzt lachten sie nur noch mehr. Ich heulte; ich schrie, an allem wäre bloß diese verdammte Erbsensuppe schuld, wenn ich die nicht hätte essen müssen, dann hätten sie jetzt aber mal staunen können.

Sie wollten sich totlachen darauf; sie schlugen sich auf die Schenkel, sie klatschten und schrien wie die Wahnsinnigen.

Plötzlich erhob sich jemand im Zuschauerraum und kam langsam nach vorn. Ich fuhr mir über die Augen, und da war es Vater.

Er war sehr bleich; er kam auf das Podium und hob die Hand. „Einen Moment bitte“, sagte er laut.

Gleich war das ganze Zelt still, und alle sahen zu ihm auf.

Vater räusperte sich. „Es stimmt, was dieser Junge hier sagt“, rief er dann; „ich war selbst mit dabei!“

Er hatte seinen Satz noch nicht mal zu Ende, da ging das Gelächter schon wieder los, jetzt aber noch viel lauter als vorher; denn jetzt lachten sie nicht nur über mich, jetzt lachten sie auch über Vater; ich hätte ihr sonst was antun können, der Bande.

Vater versuchte noch ein paarmal, sich Gehör zu verschaffen; doch der Krach war jedesmal so groß, daß kein Wort durchdrang. Da legte er mir die Hand auf den Kopf, und als das Gelächter mal einen Augenblick nachließ, schrie er: „Sie sollten sich schämen!“

Doch nun wurde das Geschrei und Gejohle wieder so laut, daß man das Gefühl hatte, das Zelt stürzte ein. Ich sah Vater an; er schluckte; die Hand auf meinem Kopf zitterte etwas.

„Komm“, sagte er heiser.

Er bezahlte Emil das Brötchen, dann gingen wir raus.

Es regnete. Die Wege zwischen den Buden waren leer; nur vor dem Glücksrad standen ein paar Leute, denn da war ein Dach drüber.

Ich wollte was sagen, aber mir fiel nichts ein.

Gerade als ich noch so überlegte, fiel Licht auf den Schotter, und die Chefin kam aufs Kassenpodest raus, sie war noch geschminkt.

Wir sollten ja machen, daß wir wegkämen, schrie sie; erst kaltlächelnd ’ne Reichsmark kassieren, und hinterher noch ’s Geschäft schädigen woll’n! Wir wär’n die Richtigen!

Ich sah Vater an; ich glaube, er hatte sie gar nicht gehört; er guckte immer noch zu der Glühbirnengirlande vom Glücksrad rüber.

Dann schrie die Chefin, wir sollten man gar nicht so scheinheilig tun, sie hätte uns schon eine ganze Weile beobachtet; und da drehte Vater sich um.

„Schon gut“, sagte er und nahm seinen Hut ab; „und schönen Dank auch, es war eine sehr angenehme Beschäftigung. Komm“, sagte er, „mach auch einen Diener.“

Darauf setzte er seinen Hut wieder auf, und dann gingen wir am Glücksrad vorbei und rüber zum Ausgang.

Wolfdietrich Schnurre, Als Vaters Bart noch rot war. Zürich 1958: Peter Schifferli „Die Arche“ (= Ullstein Tb Nr. 26008).

4. Hans Peter Richter: Schulanfang

Friedrich und ich durften in der Bank nebeneinander sitzen. Unser Lehrer erzählte uns eine Geschichte. Danach sangen wir gemeinsam „Hänschen klein...", und damit war unser erster Unterricht zu Ende.

Vor dem Schultor warteten unsere Eltern. Vater war ohnehin arbeitslos, und Herr Schneider hatte sich für den ersten Schultag freigenommen.

Friedrich und ich bekamen eine große spitze Schultüte; Friedrich eine rote, ich eine blaue. Meine blaue Tüte war ein wenig kleiner als Friedrichs rote.

Friedrich öffnete seine Tüte sofort. Er bot mir von seinen Süßigkeiten an und zerbrach eine Tafel Schokolade, um allen davon abzugeben.

Als ich die Schleife an meiner Tüte aufziehen wollte, schüttelte Mutter den Kopf. Sie nahm mich beiseite und sagte, ich solle bis zu Hause warten. Ich verstand das nicht – aber ich gehorchte.

Bei der nächsten Straßenecke fragte Herr Schneider laut: „Und wohin gehen wir nun?" Dabei schaute er sich lächelnd um.

Vater blickte erschreckt zur Mutter hin.

Friedrich beantwortete die Frage. Jubelnd rief er: „Auf den Rummelplatz!"

Wieder sah Vater Mutter an; diesmal hatte er ängstliche Augen.

Mutter sagte zu Herrn Schneider: „Schade, wirklich schade, daß wir nicht mitkommen können. Aber – wissen Sie – ich habe zu Hause noch so viel Arbeit liegen, und auch das Mittagessen habe ich noch nicht vorbereitet."

Ich flehte: „Mutter, ich möchte aber so gerne auf den Rummelplatz!"

Vater legte mir die Hand auf den Kopf: „Wir können nicht, Junge. Denk an Mutter."

Herr Schneider jedoch faßte meine Mutter am Arm; Frau Schneider hängte sich bei Vater ein.

„Heute gelten keine Ausreden!“ erklärte Herr Schneider. „Am ersten Schultag gehen wir zum Rummelplatz!“

Vater und Mutter sahen sehr bedrückt aus. Doch sie kamen mit.

Friedrich steckte mir drei Stückchen Schokolade auf einmal in den Mund, dann hakten auch wir beide uns ein und liefen mit unseren Tüten den Eltern voraus.

Auf dem Rummelplatz führten die Väter uns an der Hand. Mein Vater drängte unauffällig zur Mutter hin: „Du mußt mir fünf Mark leihen!“ flüsterte er ihr ins Ohr.

„Ich habe kein Geld bei mir“, tuschelte Mutter zurück, „nur zwei Mark vom Haushaltsgeld.“

Vater stöhnte. Dann sagte er: „Gib sie her! Ich habe noch siebzig Pfennige in der Tasche.“

Mutter nestelte an ihrer Tasche herum, als ob sie nach dem Taschentuch suche. Heimlich aber drückte sie Vater die zwei Mark in die Hand.

Vater blickte unglücklich drein. Ich bereute schon, daß ich nach dem Rummelplatz verlangt hatte. Familie Schneider marschierte voraus; wir trotteten lustlos hinterher.

Beim Pferdekarussell blieben wir stehen. Wir schauten zu, wie es sich drehte. Doch plötzlich drückte Friedrich mir eine Fahrkarte in die Hand. Als das Karussell hielt, gaben wir die Tüten den Müttern und kletterten auf die Pferde. Meines hieß Bella, auf der Satteldecke von Friedrichs Pferd stand Fuchs. Es war wunderschön, immer rundherum zu reiten; wir winkten; wir hoppelten, wir riefen; wir trieben unsere Pferde an, bis das Karussell hielt.

Herr Schneider brachte uns neue Karten, und wir durften ein zweites Mal reiten.

Als das Karussell auslief, stiegen Herr Schneider mit seiner Frau, Vater und Mutter ebenfalls zu. Sie setzten sich auf die Pferde hinter den unseren und fuhren mit.

Nach der Karussellfahrt kaufte Frau Schneider für jeden ein Stäbchen mit einem riesigen Ball Zuckerwatte.

Während wir die Zuckerwatte aßen, rechnete Vater vor jeder Bude mit verzweifeltem Gesicht, ob sein Geld reiche, um allen etwas anzulegen. „Was soll ich machen?“ fragte er Mutter flüsternd.

Mutter zuckte hoffnungslos mit den Schultern.

Herr Schneider spendete jedem eine lange Bockwurst mit Senf und Brötchen.

Vater in seiner Not konnte sie kaum herunterbringen.

Ich wußte, daß Mutter Kirmesbockwürste besonders gern aß; aber ich sah, daß ihr diese Bockwurst nicht schmeckte, weil sie sich Sorgen machte.

Auf einmal war Vater verschwunden. Als er wieder auftauchte, brachte er sechs Lakritzstangen mit.

Frau Schneider freute sich über die Stange Lakritze, als ob sie noch nie etwas Schöneres geschenkt bekommen hätte. Bald lutschten alle, auch die Eltern, an ihrer Stange.

Vater atmete erleichtert auf.

Wir Kinder durften auch noch Feuerwehrkarussell fahren. Dann schauten wir zu, wie die Eltern, Herr Schneider mit meiner Mutter, mein Vater mit Frau Schneider, Schiffchen schaukelten.

Friedrich gähnte, und auch ich war müde.

„Für heute genug!“ sagte Herr Schneider und schwenkte zum Ausgang hin.

Da, am Ende des Rummelplatzes traf Vater schließlich die richtige Bude.

„Erinnerungsaufnahmen, Postkarte 1 Mark, 2 Postkarten 1,50 Mark“ stand angeschlagen.

Vater steuerte sofort auf den Budenbesitzer zu. „Machen Sie ein Bild von uns!“ forderte er ihn erleichtert auf. „Wir nehmen zwei Postkarten.“

Der Budenbesitzer verbeugte sich. „Bitteschön die Herrschaften“, nuschelte er, „treten Sie bitte näher!“

Auf die Rückwand im Innern der Bude war eine Gebirgslandschaft gemalt. Davor stand ein geschecktes Holzpferd.

„Nehmen Sie bitte Platz!“ sagte der Mann, dem die Bude gehörte.

„Wo?“ fragte Vater.

„Auf dem Pferd“, sagte der Mann.

„Aber da gehen doch höchstens zwei drauf!“ meinte Vater.

„Augenblick!“ sagte der Mann. Er faßte das Pferd beim Schwanz, als wolle er ihn ausreißen. Den Schwanz legte er sich über die Schulter und zog kräftig daran.

Da – da streckte sich das Holzpferd, wurde länger und länger, so lang, daß zehn Erwachsene bequem darauf Platz gefunden hätten.

Als Herr Schneider das sah, mußte er so lachen, wie ich ihn noch nie hatte lachen hören.

Mein Vater bestieg stolz das ewiglange Pferd. Der Budenbesitzer trug ein Fußbänkchen herbei und half den Frauen hinauf. Zuletzt hob er uns Kinder auf den Rücken des Schecken.

Als Herr Schneider hinaufkletterte, wäre er beinahe an der anderen Seite wieder hinabgepurzelt, weil er so lachte.

Schließlich hockten wir alle hintereinander auf dem hölzeren Roß. Unsere Mütter hielten uns fest, sonst wären wir Kinder mit unseren Tüten sicher vor Müdigkeit hinabgerutscht. Nur Vater stemmte eine Hand in die Hüfte. Stolz ritt er in der Mitte, hochaufgerichtet. Und Herr Schneider lachte; er lachte so sehr über das ausziehbare Pferd, daß er alle ansteckte. Sogar Vater lächelte, wenn auch nur wenig, um von seiner Reiterwürde nichts zu vergeben.

Der Budenbesitzer verschwand hinter dem schwarzen Tuch seiner Kamera. Nur seine Hände wedelten daraus hervor. Dazu gab er Anweisungen, die keiner verstand.

Endlich wechselte er die Mattscheibe gegen die Platte aus, stellte sich neben die Kamera, brummte „Achtung!" und drückte auf den roten Gummiball.

Regungslos verkniffen wir das Lachen und starrten in die Kamera, bis der Mann „Danke!" sagte. Während er mit der Platte in seiner Dunkelkammer verschwand, hüpften wir vom Pferd.

Herr Schneider begann sogleich, das Pferd am Schwanz zu ziehen. Und siehe! Es streckte sich noch mehr. Herr Schneider verlängerte das Pferd bis an die Seitenwände der Bude. Als wir dann das Tier in seiner ganzen Länge vor der Gebirgslandschaft anschauten, mußte sogar Vater laut lachen.

Dann brachte uns der Budenbesitzer die beiden Postkarten. Vater bezahlte ihn großzügig aus der Jackentasche. Eine Karte überreichte er mit Verbeugung Frau Schneider.

Auf dem Bild saß ich zuvorderst. Das Holzpferd trug meine Schultüte zwischen den Ohren. Hinter mir ritt Mutter. Sie machte ein Gesicht, als ob sie einen Frosch im Mund hielte, der nicht heraushüpfen dürfe. Vater thronte in der Mitte. Jeder, der das Bild betrachtete, mußte annehmen, das Pferd gehöre meinem Vater. Friedrich hielt sich an Vaters Jacke fest. Seine Schultüte überragte alle Bergesgipfel und half anscheinend die Wolken stützen. Die kleine Frau Schneider hatte Friedrich beim Kragen gefaßt. Sie sah nett aus. Herr Schneider umarmte sie scherzend von hinten.

Auf dem Heimweg lachten alle immer wieder über die Erinnerungsbilder. Nur Vater schämte sich, weil er sich auf dem hölzernen Pferd so ernst genommen hatte.

Als wir zu Hause ankamen, stolperte ich vor Müdigkeit in den Flur hinein. Rasch warf ich den neuen Ranzen in die Ecke und knüpfte die Schleife an meiner Tüte auf. Sie enthielt nichts als einen Beutel verzuckerter Zwiebäcke und viel, sehr viel zusammengeknülltes Zeitungspapier. Mutter strich mir übers Haar. „Du weißt doch, Junge", sagte sie, „wir sind arm."

Vater wusch sich die Hände und fragte: „Was gibt es heute mittag zu essen?"

Mutter seufzte. „Postkarten!" antwortete sie. „Das Haushaltsgeld haben wir auf dem Rummelplatz ausgegeben."

Hans Peter Richter, Damals war es Friedrich. Olten 1969: Walter Verlag (= dtv pocket 7800).

5. Max von der Grün: Wie war das eigentlich? (Auszüge)

1926

Natürlich kann man sich seine Eltern, und die Zeit, in die man hineingeboren wird, nicht aussuchen.

Ich kam 1926 auf die Welt und habe mich oft gefragt, wie war das eigentlich damals, acht Jahre nach dem Ersten Weltkrieg, den die Deutschen verloren? Der Kaiser mußte abdanken und floh nach Holland, die Republik wurde 1919 ausgerufen, die in die Geschichte als die Weimarer Republik einging. Geboren wurde ich in Bayreuth, im Stadtteil St. Georgen. Vom Fenster unserer Wohnung sah man auf das Zuchthaus. Meine Mutter war 25 Jahre alt und Dienstmagd, wie es damals hieß, mein Vater war 26 Jahre alt und Schuhmachergeselle. Meine Mutter verdiente 20 Reichsmark im Monat, bei freier Kost und freiem Wohnen, dafür arbeitete sie 12–14 Stunden am Tag, im Sommer und Herbst zur Ernte manchmal noch länger. Jeden zweiten Sonntag hatte sie frei, aber in der Erntezeit mußte sie auch auf ihren freien Sonntag verzichten. Mein Vater arbeitete in Schuhmacherwerkstätten auf Abruf. Wenn er Glück hatte, bekam er drei oder sogar vier Tage Arbeit in der Woche, meistens aber nur zwei Tage, und ihr gemeinsam verdientes Geld reichte nicht aus, um sich eine Wohnung zu mieten.

Als ich geboren wurde, wollte meine Mutter ihre Arbeit nicht verlieren, und so wuchs ich bei meiner Großmutter im Fichtelgebirge (unweit der tschechischen Grenze, 60 km nördlich von Bayreuth) auf, mit allen Onkeln und Tanten, die noch im Haus waren und erst später heirateten. Sie waren, wenn sie überhaupt Arbeit hatten, in der Porzellanindustrie beschäftigt.

Hatten meine Eltern im Jahr meiner Geburt schon von Hitler gehört? Ich bezweifle es, und wenn doch, dann haben sie ihn, wie die meisten Deutschen, nicht ernst genommen. Für sie war er ein Verrückter und Schreihals, der eine neue Partei gegründet hatte und viel Wind machte, um neue Mitglieder zu gewinnen. Er schimpfte auf andere und versprach natürlich das Blaue vom Himmel herunter. [...]

Das also war die Zeit, in die ich hineingeboren wurde. Ein Kind armer Eltern, die nur eine große Sorge kannten: wie werden wir morgen satt? Aber auch das Sattwerden, und das wußten sie nicht, war ja eine politische Frage. Es herrschte Armut in Deutschland, wir hatten noch kein elektrisches Licht, an der Decke hing eine Petroleumlampe, die nur in dringenden Fällen angezündet werden durfte, weil wir mit jedem Pfennig rechnen mußten. Wir hatten für vier Familien im Haus ein einziges Plumpsklo, also ohne Wasserspülung. Meine Großmutter oder eine Nachbarin schütteten jeden Tag mindestens einmal einen Eimer heißes Wasser in die Abflußröhre und streuten Kalk hinein, damit es an heißen Tagen nicht so stank. Aber es stank trotzdem.

Fleisch gab es nur jede zweite Woche einmal. Die Hauptmahlzeiten bestanden aus gewässerten Salzheringen. Ich bekam als Kind immer nur den Schwanz, zum Ausgleich dafür aber viel Kartoffeln. Das machte satt, das heißt, der Bauch wurde voll. Später, als ich schon zur Schule ging, hielt ich mir Stallhasen, manchmal bis zu 30 Stück, die ich entweder verkaufen konnte oder wir schlachteten selbst einen, damit mal wieder Fleisch auf den Tisch kam.

Die Öfen in den Wohnungen wurden überwiegend mit Holz gefeuert, das wir im Handwagen aus dem nahen Wald holten. Die Holzstöße in den Gärten und Höfen verrieten, ob und wie die Leute für den Winter vorgesorgt hatten. Die Winter im Fichtelgebirge waren lang und kalt. [. . .]

1928

Meine Großmutter erzählte, daß vielen Bauern damals der Grund und Boden unter den Füßen wegversteigert wurde, weil sie nicht mehr in der Lage waren, ihre Steuern oder die hohen Hypothekenzinsen zu bezahlen. Zwei meiner Onkel wurden 1928 arbeitslos. Manchmal hatten sie Glück, und konnten sich für ein oder zwei Tage in der Woche verdingen, dann mußten sie aber mit dem Lohn zufrieden sein, der ihnen angeboten wurde, um meiner Großmutter wenigstens ein paar Mark als Kostgeld geben zu können. Auch sie hatten natürlich nicht die Möglichkeit, sich ein eigenes Zimmer zu mieten, sondern schliefen zu Hause in einer notdürftig ausgebauten Kammer unter dem Dach. [. . .]

1929

Meine Mutter hatte in der Nähe von Bayreuth eine Stelle als Dienstmagd gefunden, wo ihr vom Dienstherrn gestattet wurde, mich, den Dreijährigen, mit auf den Hof zu nehmen. Mein Vater war auf Wanderschaft (auf der Walz, nannte man das) und klopfte bei Schuhmachern um Arbeit an. Manchmal bekam er auch für ein, zwei oder drei Tage Arbeit, bezahlt wurde jedoch wenig. Meist arbeitete er nur für Essen, Trinken und für eine Schlafstelle. Das Essen wiederum war dürftig genug, schließlich hatten diese Schuhmacher mit eigener Werkstatt selbst nicht viel.

Im Sommer und Herbst wurde es erträglicher, da konnte man in den Wald gehen, Beeren pflücken und sie für ein Spottgeld an Händler verkaufen. Für ein Pfund Blaubeeren wurden drei bis fünf Pfennige, für ein Pfund Preiselbeeren acht bis zwölf Pfennige, für ein Pfund junger Steinpilze zehn bis zwanzig Pfennige bezahlt. Pilze und Beeren gab es in den Wäldern meiner Heimat reichlich.

Ich wuchs mit den Kindern des Bauern auf, und weil ich ein zusätzlicher Esser war, wurde meiner Mutter ein Teil ihres verdienten Geldes wieder abgezogen. Es war damals noch üblich, daß Dienstboten so etwas wie einen Jahresvertrag hatten, der zwischen Bauer und Dienstboten per Handschlag geschlossen wurde. An eine andere Arbeitsstelle zu wechseln, war nur „Maria Lichtmeß“, also am 2. Februar jeden Jahres möglich.

Meine Mutter besaß nur ein Paar Lederschuhe für die Kirche am Sonntag oder für den Tanz im Wirtshaussaal, sonst lief sie das ganze Jahr ohne Strümpfe in Holzschuhen.

Die Arbeit auf dem Hof richtete sich nicht nach der Uhr, sondern nach Sonne und Regen, Sommer und Winter. Sechzehn Stunden am Tag zu arbeiten war, insbesondere in der Erntezeit, nichts Außergewöhnliches. Die Bauern hatten noch keine Traktoren und kaum Maschinen, alle Feldarbeit wurde mit Pferden gemacht. Die Kinder des Bauern, nicht älter als neun Jahre, mußten auf den Feldern, im Stall und im Haus mitarbeiten. Niemand scherte sich um das Verbot von Kinderarbeit. Je mehr Kinder man hatte, desto mehr Arbeitskräfte, die nichts kosteten. [. . .]

Mitte des Jahres mußte ich wieder zu meinen Großeltern ins Fichtelgebirge zurück. Es hatte Streit mit dem Bauern gegeben, weil meine Mutter nicht wollte, daß ich als Fünfjähriger auf den Wiesen mit einem Rechen Heu wendete oder den Kuhstall ausmistete.

Einer meiner Onkel trug inzwischen eine Hakenkreuzbinde am Arm, eine Uniform konnte er sich nicht leisten. Er hatte sich der SA angeschlossen. Ein anderer Onkel war Mitglied der SPD geworden, während meine Großmutter nach wie vor mit den Deutschnationalen sympathisierte.

In der Wohnstube hing ein großes Bild vom Reichspräsidenten von Hindenburg. Auf mich wirkte er mit seinem großen Schnurrbart furchteinflößend, und ich fühlte mich in dem Zimmer dauernd beobachtet.

Aber beide, sowohl der sozialdemokratische Onkel als auch der nationalsozialistische waren arbeitslos, oder wie man heute sagen würde, Gelegenheitsarbeiter.

In unserer Familie wurde viel darüber gestritten, ob die Nazis oder die Sozis die besseren Deutschen wären. Das nahm manchmal groteske Formen an: gab es sonntags kein Fleisch, dann sagte mein Nazionkel, daran wären die Sozis, diese vaterlandslosen Gesellen, schuld, gab es Fleisch, dann sagte mein Nazionkel, das werde es jeden Tag geben, wenn Hitler erst einmal an der Macht wäre. Diese „Argumentation" konnte man auch umdrehen. Aber es war nicht so, daß sich etwa meine Onkels geprügelt hätten, schließlich waren sie Brüder, und nur innerhalb der eigenen vier Wände brüllte man sich an. Die Großmutter schlichtete den Streit oft und doch blieb jeder bei dem Deutschlandbild, wie es seine Partei propagierte.

Mein Großvater hielt sich meist aus diesen Auseinandersetzungen heraus. Nur wenn es ihm zu bunt wurde, sagte er manchmal ironisch: „Ich weiß nur, daß drei Pfund Rindfleisch eine gute Suppe geben."

Mein Großvater war Pferdekutscher bei einem Bauunternehmer. Damals gab es kaum, zumindest nicht in ländlichen Gegenden, Fuhrunternehmen mit Lastwagen. Pferdegespanne beherrschten das Straßenbild. Ich war immer froh, wenn ich mit in den Pferdestall durfte. Wenn ich manchmal aufgeregt den Motorrädern hinterher sah, sagte mein Großvater: „Denk dran Bub, Pferde riechen, Autos stinken." [. . .]

1932

Eigentlich hätte ich in diesem Jahr in die Schule kommen müssen, da aber der Schulbeginn damals zu Ostern war, und ich Ende Mai geboren bin, wurde ich um ein Jahr zurückgestellt. Mir selbst, meinen Eltern und Großeltern machte das wenig aus. Hinter den Häusern begann unmittelbar der Wald, wo wir Kinder uns auskannten. Wir wußten, wo wir sicher waren und wo Gefahren lauerten. Es war eine friedliche Kinderwelt, die Freiheit schien uns grenzenlos. Sorgen kannten wir nicht, und die Sorgen der Eltern oder Großeltern begriffen wir noch nicht. Auch wenn zu Hause Not herrschte, wartete immer ein Stück Brot mit selbstgemachter Butter, ein Topf Milch oder eine dünne heiße Suppe auf uns. Mehr hätten wir nicht beansprucht, da wir nichts anderes kannten.

Wenn ich wir sage, dann meine ich, daß ja nicht nur bei uns zu Hause Armut herrschte, sondern bei allen in unserer Nachbarschaft.

Im Sommer trugen wir Jungen nur Lederhosen, die man nicht zu flicken brauchte, aber weil sie nie gewaschen oder gereinigt wurden, begannen sie bald zu stinken. Wir trugen Holzschuhe, die mein Vater mir schnitzte, im Sommer liefen wir barfuß. Nach der Weisheit armer Leute schütze eine ledrige Hornhaut an den Füßen besser als Schuhe. Wir spürten die Steine auf den Wegen nicht mehr, und nicht die Stoppeln auf den Feldern, wenn wir bei der Ernte mithelfen mußten. Wir Kinder bekamen von den Bauern für unsere Arbeit Kartoffeln, Milch oder Eier, die wir sonst hätten bezahlen müssen. Die Häuser der Reichen – das waren für uns die Fabrikdirektoren, Rechtsanwälte und Ärzte – hatten wir immer nur von außen gesehen.

Meine Tante arbeitete als Dienstmädchen bei dem Direktor einer Porzellanfabrik. Wenn sie Ausgang hatte und nach Hause kam, erzählte sie von dem Leben der Reichen. Für mich waren das Wunderdinge, ihre Erzählungen kamen gleich nach dem Märchen vom Schlaraffenland. Sie erzählte von verschiedenen Weinsorten, die zu verschiedenen Speisen serviert wurden, sie sprach von Pasteten, Fasanen, Wachteln, Weißbrot, und ich stellte mir immer wieder vor, ich würde mit an dem Tisch sitzen, auf dem meine Tante all diese Kostbarkeiten ausbreitete. Ich bewunderte meine Tante, ich verehrte sie, und beschloß, sie zu heiraten, wenn ich älter geworden war.

Es war wie im Märchen, und immer, wenn ich an der Villa des Direktors vorbei mußte, die in einem weitläufigen Garten durch Bäume und Sträucher versteckt lag, dachte ich, dort drinnen sei das Schlaraffenland, in das man aber nur dann hineinkam, wenn man sich erst einmal durch einen Berg von Kuchen gegessen hatte. Was ich natürlich gern auf mich genommen hätte.

Dieser Direktor, bei dem meine Tante Dienstmädchen war, ist Ende der dreißiger Jahre in einem KZ umgekommen. Er war Jude. [...]

1933

In diesem Jahr kam ich Ostern in die Schule.

Es gibt noch ein Bild, das mich mit einer großen Schultüte zeigt, die bei uns Zuckertüte hieß. Meine Zuckertüte war zu zwei Dritteln mit Papier vollgestopft. Nur oben lagen ein wenig Obst, Schokolade und Bonbons.

In der Klasse wollte natürlich jeder jedem in die Zuckertüte sehen. Ich lehnte ab, ein paar andere Jungen auch. Wir schämten uns, weil man tiefer als eine Handbreit nicht hineinsehen durfte, ohne das Papier zu bemerken.

Meine Großmutter hatte mich in die Schule begleitet. Weder mein Vater noch meine Mutter hatten dafür Zeit. Meine Mutter bekam von ihrem Dienstherrn nicht frei und mein Vater lief irgendwo auf der Suche nach Arbeit herum. Das war schon bitter für mich. Die anderen Kinder waren mit ihren Eltern gekommen oder doch wenigstens mit einem Elternteil. Einige Väter, die ihre Sprößlinge in die Schule begleiteten, kamen in der braunen Uniform der SA, denn wenige Wochen vorher war Adolf Hitler Reichskanzler geworden. [...]

Max von der Grün, Wie war das eigentlich? Darmstadt/Neuwied 1979: Luchterhand Verlag, S. 5, 8, 14, 17, 31/32, 37/38, 44.

IV. Dokumente zur Zeitgeschichte

Auf den folgenden Seiten findest Du auszugsweise Korrespondentenberichte, Reichstagsreden, Flugblätter, Zeitungsinserate, Glossen, Aufrufe und offizielle Erklärungen aus den Jahren 1930 bis 1932. Wenn Du sie genau liest, erfährst Du einiges über die wirtschaftspolitischen Verhältnisse am Ende der Weimarer Republik. Die Informationen beziehen sich etwa auf den gleichen Zeitraum, in dem L. Tetzners Erzählung „Der Fußball" spielt. Willst Du mehr darüber wissen, hole Dir aus der Bibliothek die von W. Treue zusammengestellten Augenzeugenberichte, die es auch in einer Taschenbuchausgabe gibt. Sehr lesenswert ist außerdem: „Als das Gestern heute war." Erzählungen, Gedichte und Dokumente zu unserer Geschichte (1789–1949), ausgewählt und erklärt von Rosemarie Wildermuth, München 1977: Verlag Heinrich Ellermann.

Die anschließend abgebildeten Fotos stammen alle aus dem Archiv der Landesbildstelle Berlin und zeigen Dir, wie das Straßenbild des Arbeiterbezirks Kreuzberg Ende der zwanziger / Anfang der dreißiger Jahre aussah: welche Kleidung Kinder und Erwachsene trugen, wie dicht der Verkehr war, welche Verkehrsmittel fuhren, wieviel Betrieb an den Bahnhöfen war, wie die Kinder spielten und wie der Arbeitsalltag der Hausfrau beschaffen war. Die Fotos sollen Dir helfen, Dir das geschilderte Geschehen besser vorzustellen.

1. Wilhelm Treue: Deutschland in der Weltwirtschaftskrise (Auszüge)

Der Vizepräsident des Deutschen Städtetages, Dr. Fritz Elsas, schreibt am 8. April 1930 in einem Artikel in der „Vossischen Zeitung":

[...]

Zahlenmäßig sieht die Entwicklung so aus: Am 31. Dezember 1929 gab es in den Städten über 25 000 Einwohner 222 600 laufend unterstützte Wohlfahrtserwerbslose. Die Zahl ist bis zum 31. Januar 1930 auf 249 800 angestiegen, zu denen noch die unterstützungsberechtigten Familienangehörigen kommen. Außerdem erhielten am gleichen Stichtag 86 700 Arbeitslosen-Unterstützungsempfänger laufend zusätzliche Leistungen aus der gemeindlichen Wohlfahrtspflege, und für 21 500 Fürsorgearbeiter, die den Wohlfahrtserwerbslosen zuzurechnen sind, haben die Gemeinden Arbeitsgelegenheit eröffnet. Die Gesamtzahl der von den Städten über 25 000 Einwohner durch die gemeindliche Wohlfahrtspflege betreuten Hauptunterstützungsempfänger belief sich demnach auf 368 000. Die Zahl der Wohlfahrtserwerbslosen steigt von Woche zu Woche. Seit mehr als einem Jahr geht, unabhängig von der Entwicklung des Arbeitsmarktes, diese Kurve infolge der Auswirkungen der gesetzlichen Bestimmungen des Arbeitslosen-Versicherungsgesetzes und der Krisenfürsorge ständig in die Höhe. [...]

Noch erschütternder sind die Zahlen einzelner Städte. Die Zahl der laufend unterstützten Parteien bei den Wohlfahrtserwerbslosen (ohne Fürsorgearbeiter) stieg z. B. in der Zeit vom 31. Dezember 1928 bis zum Jahresende 1929 in Berlin von 24 856 auf 36 830, bis 31. Januar 1930 auf 44 000; in Köln von 7001 über 9678 auf 11 300; in Breslau von 6429 auf 13 249 und rund 14 000; in Frankfurt am Main von 3479 auf 7055, um Ende Januar die Zahl von rund 9000 zu erreichen. In vielen Städten beträgt die Zahl der gemeindlichen Wohlfahrtserwerbslosen heute bereits die Hälfte der Zahl der Empfänger von Arbeitslosenunterstützung aus der Arbeitslosenversicherung und ein Mehrfaches von den Unterstützungsempfängern aus der Krisenfürsorge. [...]

„Potsdamer Ringbahnhof“ (um 1928)

Am 27. Januar 1930 berichtet die „Deutsche Allgemeine Zeitung“ über eine Demonstration im Zentrum der Berliner Arbeitslosigkeit und Armut:

Vor den städtischen Wärmehallen in der Ackerstraße 2 entstanden am Montag nachmittag Arbeitslosentumulte, bei denen die Polizei vom Gummiknüppel Gebrauch machen mußte.

Da die Wärmehallen überfüllt waren, konnte ein großer Teil der Arbeitslosen nicht eingelassen werden. Es sammelten sich über 200 Personen an, die auf der Straße allerlei Unfug verübten und die Polizei zu provozieren versuchten. Schließlich entspann sich eine Schlägerei, die das Einschreiten der Polizeibeamten erforderlich machte. Die Arbeitslosen griffen die Polizeibeamten an.

Nach mehrmaliger Aufforderung auseinanderzugehen säuberten die Beamten mit dem Gummiknüppel in kurzer Zeit die Umgebung der Wärmehallen. Der Hauptschreier unter den Demonstranten wurde festgenommen und nach dem Polizeipräsidium gebracht.

Der Krawall war offenbar von kommunistischer Seite inszeniert worden, denn mehrere Demonstranten trugen die Abzeichen der „Antifaschistischen Garde“.

Vor dem Reichstag stellt am 24. Februar 1930 Reichsarbeitsminister Wissell über die Wohnverhältnisse fest:

Viele Wohnungen sind überfüllt. Im ganzen schätzt man den Bestand an überfüllten Wohnungen auf 750 000. 43,1 Prozent der kinderreichen Familien (Familien mit vier und mehr Kindern) wohnen in Kleinwohnungen mit ein bis drei Räumen, wobei die Küche als Raum gerechnet ist. 13 Prozent der kinderreichen Familien nehmen Untermieter auf.

Auch der Kolumnist „Rumpelstilzchen“ liefert zu diesem Komplex im „Berliner Lokalanzeiger“ am 8. Mai 1930 einen Beitrag:

In Berlin wird binnen wenigen Monaten auch im Tausch oder gegen große Abfindung keine Vier-Zimmer-Wohnung mehr zu haben sein, solche zu sieben oder acht Zimmern stehen aber schon heute in Mengen leer.

Weiter: die Königsallee in Berlin-Grunewald ist etwa das, was in Hamburg der Harvestehuder Weg ist; da stehen also die Palazzi der Leute mit Patrizier-Einkommen. Wenn man da sonst – wie in Berlin und Hamburg wird es wohl auch anderswo sein – abends entlang ging, war jedes dritte oder vierte Haus hell erleuchtet. Aha: große Gesellschaft! Dcr erste Fliederduft mischte sich mit dem des getrüffelten Fasans. Heute liegt alles im Dunkeln – und jedes dritte oder vierte Haus steht zum Verkauf, auch wenn natürlich kein Schildchen mit dem Angebot die Gegend verschandelt, sondern nur die Makler Bescheid wissen.

„Waschtag in einer Berliner Wohnung“ (1934)

[. . .] *Im Mai 1930 erreicht in Deutschland die Gesamtzahl der Arbeitslosen annähernd drei Millionen – und sie steigt weiter. Täglich berichten die Zeitungen über Selbstmordfälle: ganze Familien gehen freiwillig in den Tod – eine Folge von Hunger und Not. Drei Beispiele seien hier angeführt. Die „Tremonia“ in Dortmund berichtet am 18. Juni:*

Als der Beamte mit einigen hinzugezogenen Personen das Schlafzimmer betrat, fand er die Eheleute Haberland mit Schußverletzungen im Kopfe im Bett liegend vor. Der Ingenieur hatte noch die Pistole in der Hand. Die Feststellungen der sofort herbeigeholten Mordkommission ergaben dann zweifelsfrei, daß der Ingenieur zuerst seine Ehefrau und dann sich selbst erschossen hatte. [...] Der Grund dürfte in schweren wirtschaftlichen Verhältnissen bzw. Stellungslosigkeit zu suchen sein, in denen sich die Familie schon seit etwa eineinhalb Jahren befunden hat. Auch hat gegen die Eheleute ein Verfahren auf Zwangsräumung geschwebt. Der Ingenieur war 50, seine Ehefrau 42 Jahre alt.

Das „Göttinger Tageblatt" meldet am 22. Oktober aus Nürnberg:

Am Dienstag erschoß der Kaufmann und Kapitän a. D. Staufer in seiner Wohnung seine Ehefrau. Als kurz darauf sein 12jähriger Sohn von der Schule heimkam, tötete er auch diesen. Hierauf brachte er sich selbst einen lebensgefährlichen Schuß bei. Er starb im Krankenhaus. Der Grund zur Tat ist in wirtschaftlicher Notlage zu suchen.

Und am 12. Dezember 1930 berichtet die gleiche Zeitung unter dem Titel „Selbstmord wegen Käuferstreiks":

Wegen Ausbleiben der Weihnachtseinkäufe haben in Berlin innerhalb weniger Tage fünf Berliner Geschäftsleute Selbstmord verübt. Der Käuferstreik wirkt sich in Erwartung allgemeiner Preissenkungen in Berlin nahezu katastrophal aus.

Die Hausbesitzer werden auch durch das Verhalten der Wohlfahrtsämter in Mitleidenschaft gezogen. Das „Göttinger Tageblatt" berichtet am 24. Juli 1930 über einen solchen Fall:

Im Bezirk Wedding [*einem Berliner Arbeiterviertel*] haben, wie in der Versammlung der dortigen Grundbesitzer mitgeteilt wurde, acht Hausbesitzer Konkurs anmelden müssen. Sämtliche Mieter ihrer Häuser weigern sich seit langem, die gesetzlichen Mietzuschläge zu leisten. Die erfolgreich verlaufenen Klagen haben jedoch zu keiner Räumung führen können, weil das Wohlfahrtsamt gegen die Durchführung der Exmission Einspruch erhoben hat. Somit blieb den betroffenen Hausbesitzern nichts weiter übrig, als ihre Zahlungsunfähigkeit zu erklären.

„Warenhaus Wertheim, Leipziger Straße" (um 1932)

Als ein Phänomen der Krise ist auch das stetige Anwachsen der Zahl der „Geldleiher" zu werten. Ein Inserat im „Göttinger Tageblatt" vom 15. September 1930 lautet:

Geld erhält jeder von 6 Prozent an. Nur gegen Sicherheiten von Möbeln und Grundstücken. Keine Vermittlung. 30 Pf Rückporto. Sprechstunde mittwochs und sonnabends 8 bis 18 Uhr [*folgen Name und Adresse*].

In der gleichen Zeitung findet sich am 8. November 1930 ein Beispiel für Selbsthilfe in Form einer Anzeige der Handwerkerinnungen:

Millionen Menschen hungern. Hilf ihnen, indem Du ihnen Arbeit verschaffst. 12 Millionen Menschen leben vom Handwerk, sorge dafür, daß sie weiterleben können, indem Du Arbeit für das Handwerk schaffst. Die kleinste Reparatur bringt Beschäftigung und Brot.

Warte nicht, bis Du Neuanschaffungen machen mußt – die sind teurer –, sondern schütze Dich vor Verlusten durch rechtzeitige Reparaturen und Ergänzungen. Du hilfst dadurch an der Minderung der Erwerbslosigkeit und Behebung der Wirtschaftskrise. Arbeit bringt die Wirtschaft wieder hoch und dem Volk Verdienst.

Bäckerinnung, Elektroinstallateurinnung, Glaserinnung, Malerinnung, Sattler- und Tapeziererinnung, Schneiderinnung, Schlosserinnung, Schuhmacherinnung, Tischlerinnung, Kupferschmiedeinnung, Stellmacherinnung, Drechslerinnung, Böttcherinnung zu Göttingen.

In dieser Zeit erhält das preußische Wohlfahrtsministerium alarmierende Berichte von Ärzten über die Not der Kinder; es erklärt seinerseits im August 1931:

„Großstadtjugend ‚angelt‘ nach Wertsachen im Kellerschacht“ (um 1930)

Die Arbeitslosigkeit der Eltern verursacht bei den jungen Kindern Unterernährung, Häufung der Krankheiten, Gleichgültigkeit gegenüber hygienischen Anforderungen. [...] Die Kinderkrankheiten und Erkältungskrankheiten häufen sich, da der Arzt sehr oft zu spät oder gar nicht aufgesucht wird, weil für Arztschein und Medizin die notwendigen Gebühren nicht aufzubringen sind oder kein Fahrgeld vorhanden ist. Bei Säuglingen treten wieder Atrophie und englische Krankheit auf – Krankheiten, die man schon bei uns als überwunden betrachtete.

Sehr deutlich sind die häufigen Erkrankungen der Kinder in den Schulen infolge Blutarmut und Hunger. Schwindel- und Ohnmachtsanfälle treten stark auf, auch bei älteren Kindern. Bei Nachforschungen in den Haushaltungen hat sich herausgestellt, daß die Ernährung völlig unzureichend ist, Vitamine (Obst, Gemüse) ganz fehlen, weil die Mittel nicht vorhanden sind. Skorbutanzeichen machen sich schon bemerkbar in gewissen Elendsquartieren der Großstädte.

[...] *Auf den Straßen wird man ständig an die Krisenverhältnisse erinnert. So berichtet der Korrespondent der „Vossischen Zeitung" am 16. September 1931:*

Wer jetzt durch die Wohnstraßen des Berliner Westens schlendert, durch diese sauberen, ruhigen, gepflegten Straßen, erlebt auf Schritt und Tritt, daß ein, meist alter, Mensch auf ihn zukommt, Mann oder Frau, vielmehr Herr oder Dame – denn sie sind nicht anders gekleidet als wir selbst –, und um Geld bittet. Manche kommen lächelnd auf einen zu, so, als wollten sie einen guten Bekannten begrüßen; andere betteln stumpf und ausdruckslos; noch keiner hat, vorläufig, den weinerlichen Jammerton des berufsmäßigen Bettlers. [...]

Am schlimmsten sind die, die gar nichts reden. Solange es hell ist, sitzen sie verloren auf den Bänken der breiten

Straße; später streichen sie die Zäune der Restaurants entlang, bleiben stehen, stieren den Essenden an, ohne zu reden, ohne zu betteln, ohne sich zu regen.

Das „Mannheimer Hilfswerk 1931/32" macht es sich zur Aufgabe, die Auswirkungen der Arbeitslosigkeit im bevorstehenden Winter zu mildern. Aus einem Aufruf:

Ein Winter schwerer Sorge steht uns bevor. Auch in unserer Stadt suchen Zehntausende arbeitsfähiger Männer und Frauen vergebens Beschäftigung und Verdienst.

Die Not ist groß. Die Mittel von Reich, Ländern und Gemeinden reichen nicht aus, um dieser Not wirksam zu begegnen. Sie können nur die allerdringendsten Anforderungen befriedigen.

Ein umfassendes freiwilliges Hilfswerk ist erforderlich, damit Hunger und Kälte, damit Not und Verzweiflung im kommenden Winter gebannt werden.

Unser Ruf richtet sich an alle. Helfen muß jeder, der noch zu helfen in der Lage ist. Das Mannheimer Hilfswerk 1931/32 ist der Zusammenschluß aller Organisationen der öffentlichen und privaten Fürsorge; sein Ziel ist, alle Hilfsmaßnahmen des kommenden Winters einheitlich zusammenzufassen. Auch alle Sammeltätigkeit soll im Interesse einer Konzentration und gerechten Verteilung der Mittel beim Hilfswerk zusammengefaßt werden.

Wir bitten um Geld, Kleider, Lebensmittel und Brennstoffe. Wer noch Arbeit und Verdienst hat, muß denen helfen, die nichts haben. Gibt jeder nach seinen Kräften, schließt keiner sich aus vom gemeinsamen Hilfswerk, so wird es gelingen, auch den kommenden Winter, wie den vergangenen, zu überwinden.

Darum helft!

[...] *Einen Versuch, den Nahrungsmittelmangel unter den Ärmsten zu lindern, unternehmen Wilmersdorfer Schulen.*

Im Treitschke-Gymnasium spricht ein Reporter der „Vossischen Zeitung“ mit dem Direktor über diese Aktion. Das Blatt berichtet darüber am 10. Dezember 1931:

„Jeder unserer Schüler bringt jeden Morgen eine Kartoffel mit, bei 700 Schülern können Sie sich das Resultat errechnen.“

„Und wohin wandern diese Kartoffeln?“

„Wir stehen mit dem Bezirksamt in dauernder Verbindung, das die Kartoffeln an Bedürftige verteilt.“

In diesem Augenblick läutet das Telefon. „Hallo, hier Treitschke-Schule. Ob wir heute Schnitten übrig haben? Ja, das kann ich leider vorläufig noch nicht übersehen. Rufen Sie in zwei Stunden noch einmal an.“

Auf ähnliche Weise werden bedürftige Schüler mit Frühstücksbroten versorgt. Doch nicht jeden Tag können ausreichende Mengen zur Verfügung gestellt werden.

Aus Schwerte und Dortmund [...] *(„Der Kämpfer“ vom 17./18. 12. 1932):*

In Schwerte zogen [*am 16. Dezember*] etwa 1000 Erwerbslose zum Rathaus und schickten eine 20 Mann starke Delegation zum Bürgermeister, die sofortige Auszahlung von Extra-Unterstützungen und Bewilligung von Lebensmitteln forderte. Der Bürgermeister mußte die Forderung bewilligen und die Ausgabe von Lebensmitteln sowie die Auszahlung von Geld anordnen. Er gab ferner das bindende Versprechen ab, daß sämtliche Schulden der Erwerbslosen, z. B. für Kleidung, Kohlen und Kartoffeln, Landpacht usw., von der Stadt beglichen werden.

In der Innenstadt Dortmunds führten Arbeiterkinder eine Demonstration durch. Die Kinder brachten ihre Forderungen in Sprechchören zum Ausdruck. Die Stadt klang wider von den Rufen: „Wir haben Hunger!“ – „Wir wollen für unsere Väter Arbeit und damit für uns Brot!“

Und aus Halle [...]:

Heute morgen [*6. Dezember*] gegen 10 Uhr erschienen vor dem überfüllten Brikettlager der Grube „Alwine“ in der Nähe von Halle Hunderte von erwerbslosen Männern und Frauen mit Handwagen, Fahrrädern und Säcken und forderten von dem erschrockenen Betriebsleiter kostenlose Herausgabe von Kohlen. Sie erklärten dabei, in ihren Wohnungen zu frieren, weil sie sich keine Kohlen kaufen könnten, während hier auf dem Grubenhof die guten Briketts verwitterten und zu Grus zerfallen.

Unter dem Druck der immer mehr anwachsenden Massen gab der Betriebsführer nach, und kurze Zeit darauf bewegte sich ein langer Zug von beladenen Kohlenwagen, Fahrrädern mit Säcken usw. nach Halle zurück. Die zuletzt gekommenen Erwerbslosen wurden von dem inzwischen herbeigerufenen Überfallkommando der Polizei mit leeren Wagen aus dem Kohlenhof abgedrängt. [...]

Der Kolumnist „Rumpelstilzchen“ macht sich im „Berliner Lokalanzeiger“ vom 22. Dezember 1932 Gedanken über das bevorstehende Weihnachtsfest:

Diesmal bin auch ich für das Sparen, zum erstenmal in meinem Leben fällt das Christfest aus, die Kinder bekommen nichts geschenkt, und auch wir Eltern beschenken uns nicht.

So fehlt denn auch meinem Gesicht diesmal das Erwartungsfrohe beim Blick in die Schaufenster. Man denkt nicht mehr daran, was man diesem oder jenem stiften könnte. Nur das handwerksmäßig geschulte Auge stellt in Sekunden fest, was sich gewandelt hat. Also auf den Weihnachtsmärkten hat es diesmal merkwürdigerweise nirgends die vielen lieben Sächelchen gegeben, die früher die kleinen Mädchen sich als „Ergänzung“ zur Puppenküche wünschten, zum einen Christfest dieses, zum anderen jenes;

Kohleneimerchen, Kaffeemühlchen, Täßchen, Gäbelchen, Messerchen, Plättbrettchen, alles Artikel für wenige Pfennige oder Groschen. Und dann: die Pfefferkucheninschriften, die früher nur herzig-weihnachtlich waren, sind im Wechsel begriffen. Daß auf dem einen Pfefferkuchen steht:

„Dieser Kuchen ist nicht groß,
Denn auch ich bin arbeitslos!"

gehört noch zu dem Rührenden, obwohl so etwas früher nicht bekannt war.

Wilhelm Treue (Hrsg.), Deutschland in der Weltwirtschaftskrise in Augenzeugenberichten. Düsseldorf 1967: Rauch Verlag (= dtv 1161, 1976).

2. Aus dem Anzeigenteil von Tageszeitungen
(„Der Berliner Westen“ v. 25. 4. 1927 – 19. 11. 1928 – 1. 12. 1928)

Kleine Anzeigen

Zwangsversteigerung

Am Dienstag, dem 26. April 1927, nachm. 1½ Uhr, werde ich in Charlottenburg, Krumme Str. 7 (Pfandkammer)

Teppiche, Bilder, Standuhr, Kronen, Bowle, Schreibmaschine, Aktenschrank, Schreibtische, Bibliothek, Klubsessel, Rauchtisch, Nähmaschine, Bücherschränke, Sofa mit Umbau, Anzüge, Kredenz, Oelgemälde, 1 Flügel, Pianos, Spiegel mit Konsol, Geldschrank, div. Büfetts, Eckständer mit Bronzefigur, 1 Vase, Vitrine, 1 Schreibtisch (Diplomat) u. a. m.

öffentlich meistbietend gegen sofortige Barzahlung versteigern. 646

Möbius, Obergerichtsvollzieher, Schmargendorf, Friedrichshaller Str. 30

Kaufm. Lehrling

mit höherer Schulbildung aus gutem Hause für sofort gesucht. Meldungen: **Reichsbund-Druckerei G. m. b. H.** Bln.-Wilmersdorf, Berliner Str. 46.

Diebessichere **Geldkassetten**

Fabrikat der Schladitz-Werke A.-G.

H. Gragert, Eisenwaren, Uhlandstr. 187, an d. Lauenburger Str.

Brauchen Sie Geld?

Höchstbeleihung von Juwelen, Gold, Silber, Sachen aller Art. Ankauf und Verkauf. Leihhaus Wilhelmplatz, Charlottenburg, Berliner Straße 110, am Wilhelmplatz. Telephon: Wilhelm 3874

Gute Daueräpfel.

Boskoop, div. Renetten usw. M. 35.— p. Ztr. franko per Eilfracht-Nachnahme. Gute Verpackung gratis. Otto Schmidt, Bernstein, Neumark 153.

Als

perfekte Näherin für Herrenwäsche (neu und ausbessern) empfiehlt sich Claire Aubert, Culmstraße 29. [Sch 64

Teppiche

Läufer — Decken
ohne Anzahlung
12 Monatsraten
Teppichhaus
Müller & Tappert
Potsdamer Str. 105 a
an der Kurfürstenstr.

Malerarbeiten

sauber, weit unter Preis, auch Dekorations- und Schildermalerei. Schönner & Geiseler, Charlottenburg, Kirchstraße 33. Wilhelm 5314.

Ia TAFELOBST

Saft-Citronen, groß. Dtz. 1.— u.	1.60
Cap-Apfelsinen . . . . . Dtz.	2.60
Valencia-Apfelsinen . . . Dtz.	1.75
Kalif. Aepfel, Winesapes 10 Pfd.	5.—
Kalif. Aepfel, Newtowns 10 Pfd.	5.—
Winterkartoffeln, Industrie Ztr.	4.50

Lieferung erfolgt frei Haus

KARL UHLE

Berlin-Schmargendf., Doberaner Str. 4
Telephon: Amt Uhland 6850.

Birke-Schlafzimmer, Komplett: Mark **980:**
großer Schrank
sehr elegant
sehr billig
Herren u. Speisezimmer.
Zahlungserleichterung Riesenlager
F. Zech Berlin O 27 / Kleine Andreasstr. 9
Gegründet 1859. Kataloge

Winter Garten

Täglich 8 Uhr
Rauch. gestattet.
Sensation
auf
Sensation
mit
PILETTO
Sonnabend und Sonntag je 2 Vorstellungen
3½ u. 8 U. 3½ kl. Pr.

Fahrradreparaturen

jeder Art schnell und billig, Emaillieren von 5 Mark an. Hoppe, Darmstädterstr. 1, Ecke Württembergischestraße.

Strickkursus

für junge Damen (für im Beruf stehende Abends) zur Anfertigung eigener Pullover, Kleider, Westen, Kinderstrickanzüge für jedes Alter usw. Alles Nähere bei Anmeldung.

Frau Marg. Wilke 375
Gersfelder Straße 12 III, 1. Eingang, Ecke Homburger Straße 27, am Rüdesheimer Pl.

Höhere Privatschule Dir. Bride

Berlin W. 50, Rankestr. 20. Alle Klass. Einjähr. Abiturvorbereitung auch für Schülerinnen. Abendkurse für Berufstätige. Umschulung Arbeitszirkel. Schülerheim. [18

Folgende Jugendbücher (und Anthologien) eignen sich besonders für die Lektüre auf der Orientierungsstufe (Kl. 5/6):

Für Kinder verboten
mit Texten von **Halbey**, **Hetmann**, **Rodari** und **Irmela Brender**
Text und Materialien, bearbeitet von Hannelore Daubert
Klettbuch 26081

Das Krokodil am Marterpfahl
Jugendbuchautoren schreiben für euch
Klettbuch 26149

Geschichten – nicht nur für Kinder
erzählt von **Siegfried Lenz**, **Wolfdietrich Schnurre** und **Kurt Kusenberg**
Text und Materialien, bearbeitet von Jürgen Wolff
Klettbuch 26104

Märchenreise durch Europa
Text und Materialien, bearbeitet von Barbara Stamer
Klettbuch 26121

Vier motiv- und stoffähnliche Märchengruppen aus Deutschland – Griechenland – Frankreich – bzw. Italien und der Türkei machen deutlich, wie variantenreich die entsprechenden deutschen Märchen der Brüder Grimm hier anders und neu erzählt werden.

Texte zum Thema Mensch und Tier
Text und Materialien bearbeitet von Günther Busse
Klettbuch 26112

Witz – Schwank – Lügengeschichte
Text und Materialien, bearbeitet von Dietrich Homberger
Klettbuch 26105

Enid Blyton:
5 Freunde und das Burgverlies
Text und Materialien, bearbeitet von Dagmar Grenz
Klettbuch 26061

Daniel Defoe:
Robinson Crusoe
Text und Materialien, bearbeitet von Rainer Siegle
Klettbuch 26065

Häuptling Büffelkind erzählt sein Leben (gekürzt)
Text und Materialien, bearbeitet von Rainer Siegle
Klettbuch 26066

Ilse van Heyst:
Alles für Karagöz
Text und Materialien, bearbeitet von Jutta Grützmacher
Klettbuch 26098

Bisham kommt aus der Türkei. In der Schule hat er immer nur „Karagöz“, den türkischen Kasper, im Kopf, der ihn in allerlei schwierige Situationen bringt.

Judith Kerr:
Als Hitler das rosa Kaninchen stahl (gekürzt)
Text und Materialien, bearbeitet von Toni Blaeser
Klettbuch 26071

Eine jüdische Familie mit zwei kleinen Kindern auf der Flucht vor den Nazis 1933.